내비게이션 말을 들어야지

신경순
두 번째 수필집

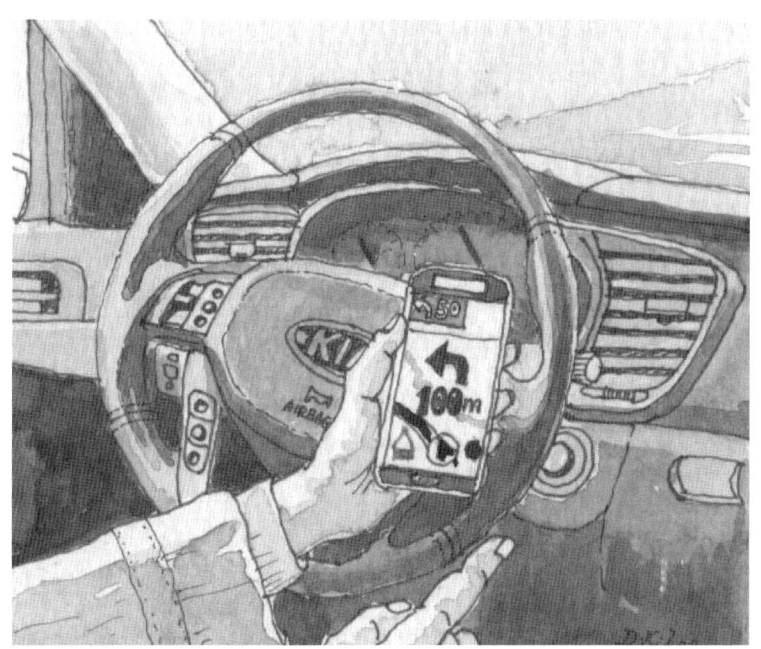

내비게이션 말을 들어야지
신경순 두 번째 수필집

초판 인쇄일 2025년 10월 20일
초판 발행일 2025년 10월 20일

지은이 신경순
펴낸이 장문정
펴낸곳 도서출판 그림책
디자인 이정순 / 정해경
출판등록 제2010-000001
주소 경기도 수원시 영통구 이의동 웰빙타운로 70
연락처 TEL070-4105-8439(010)2676-9912
E-mail : khbang21@naver.com

내비게이션 말을 들어야지

작가의 말

가을은 언제나 내게 유혹적으로 다가온다.

산은 알록달록한 모습을 보여주기 위해 색동옷을 갈아입기 시작한다.

바다는 언제나 계절을 품고 있다. 바다 초입은 파도소리로 사람들을 끌어들이고, 바다 한가운데는 중년의 모습처럼 중후하다. 글을 쓰면서 사람을 사랑하는 힘을 배웠고, 노력하는 열정도 배웠다.

웃음이 사라진 사회, 각박한 사회에서 내 책을 읽으면서 사람들의 마음속에 웃을 수 있는 행복의 단비가 내렸으면 좋겠다. 문학이 내 마음을 채우는 울타리가 되었다.

꽃잎을 들여다보면 겉꽃잎이 속꽃잎을 감싸 안을 때 나는 속꽃잎이 되어본다. 엄마의 품속이 그리워서이다. 문학을 하면서 부모님도 그리웠고, 나의 성찰도 하게 되었다.

취미생활로 바위를 타고 있는데, 바위를 타면서 느낀다. 내가 저 바위와 바위 사이를 못 건너면 낭떠러지로 떨어지면 어떻게 될까, 생각만 해도 소름이 끼칠 때도 있다. 아직도 할 일이 많이 남았는데… 그래서 힘껏 뛴다. 내가 바닥에 주저앉을 때 힘차게 일어서기 위해, 바위를 타면서 많은 용기가 생겼고, 인내력을 배웠다.

햇살이 쏟아지는 낮일 때 밤하늘을 보면 달빛이 더 은은하게 비칠 때가 있다. 그 모습을 보고 자연도 저렇게 서로를 배려하는데 사람과 사람도 배려하면서 살아야겠다는 생각을 해본다.

내가 가장 행복했을 때는 아들, 딸을 낳았을 때 그들이 성인이 되어 자기 자리에서 최선을 다할 때 나는 더욱더 힘이 난다.

아름다운 글꽃, "내비게이션 말을 들어야지" 두 번째 수필집을 내게 되었다. 경험상 내비게이션 말을 안 듣고, 다른 길을 가다 보면 돌아서 가고 시간이 오래 걸릴 수 있어 많은 생각을 하게 되었다. 우리 삶도 가끔 내비게이션과 비슷할 때도 있는 것 같다.

늘 따뜻한 시선으로 지켜봐 주시는 오서윤 시인 겸 소설가님께 감사 인사드립니다.

차례

남편의 텃밭일지 …10

초록 자두 …17

릿지팀의 L왕대장…22

핀 제거 수술을 받으며…26

엄살…31

아래층 여자…34

서울말 흉내내기…38

여자 산악인의 신음소리…43

비밀번호…49

이타적인 삶과 생각…53

인연…57

장비릿지…61

전국 남자 성향을 분석합니다…65

중년의 나이트클럽 문화 …70

중독…75

사랑은 용기다…81

붉은 속울음···85

내비게이션 말을 들어야지···90

등산인의 옷과 가방···96

벌금제···101

뺑소니범과 자선단체···104

산에서 마음을 열다···107

어른 나무···113

안단테, 안단테···121

철없는 기도 ···125

포옹의 온도···129

낯선 부고장 ···133

백두산 여행기···137

곡도···143

메멘토 모리(Mement Mori) 죽음을 기억하자···148

내비게이션 말을 들어야지

신경순 두 번째 수필집

남편의 텃밭일지

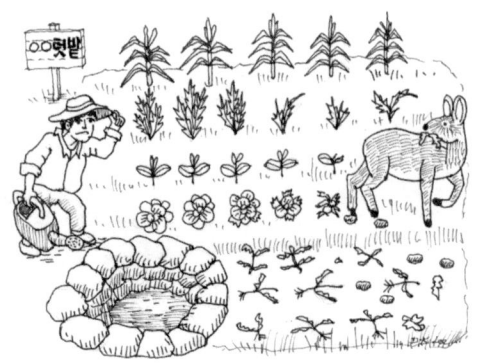

우리 아파트 뒤편에 산이 있다. 엎어지면 코 닿을 거리지만 남편은 한 달에 두 번 정도만 산을 오른다. 운동을 싫어하기 때문이다. 어느 주말 등산을 다녀온 남편이 나의 팔을 잡고 호들갑을 떨었다.

"우리 이제 부자 될 것 같아."

"왜?"

"땅이 생겼어. 거기에 채소 키워서 팔면 돈이 될 것 같은데…"

무슨 귀신 씻나락 까먹는 소리인가? 고개를 갸우뚱하니 등산을 같이 다니는 형님 한 분이 계시는데 채소 키우라고 땅을 줬다고 한다.

"몇 평인데?"

"다섯 평 정도."

남편은 텃밭을 할 생각에 기분이 들떠있었다. 남편은 농기구를 사들이기 시작했다. 삽이며 밭갈이 쟁기와 호미, 자동 쟁기를 30만 원 줬다고 자랑을 했다. 텃밭 다섯 평 하는데 자동 쟁기까지 필요한지 모르겠지만 시작이 시끌벅적했다. 30만 원이면 일 년 내내 유기농 채소를 마음껏 사 먹을 수 있다는 말을 가까스로 눌렀다.

"채소 키워서 많이 가져다줄 테니까 모종값 좀 보태주지?"

남편은 벌써 채소를 수확한 사람처럼 의기양양하게 나를 쳐다본다. 할 수 없이 5만 원짜리 두 장을 남편에게 건넸다.

토요일이 되자마자 남편은 농기구를 어깨에 메고 들고 텃밭이 있는 산 위로 올라갔다. 베란다에서 남편을 바라보니 농사를 몇 년쯤 지은 영락없는 농사꾼이었다. 텃밭에 도착한 남편이 가족 카톡으로 밭을 일군 사진을 보냈다. 고랑도 양쪽으로 파놓고 볼록하니 모종을 심을 자리를 만들어놓았다. 일요일은 모종을 심었는데 일렬종대로 잘 심었다. 모종을 심고 온 날 우리는 채소를 팔아 부자가 될 거라고 큰소리를 쳤다.

　주말마다 쉴 새 없이 텃밭에 간 남편은 모종에 물을 주고 계속 가족 카톡에 텃밭 일지를 적었다. 매일 쑥쑥 자라는 채소가 딸과 아들의 어릴 때 모습과 비슷하다는 등 혼자 감상에 젖어 있었다.

　어느 날 토요일에 텃밭에 올라간 남편이 가족 카톡에 사진을 올렸다. 제법 자랐던 채소의 절반 이상을 누군가 뜯어가 버렸다. 남편은 흥분하여 범인을 꼭 잡아서 우리에게 보여주겠다고 했다. 발자국을 찾으면 된다고 하더니 1시간 만에 발자국 주인을 찾았다.

　"범인을 잡았다."

　"누군데?"

　"마고."

　"마고가 뭔데?"

　"마름산 고라니."

　우리 뒷산이 마름산이다. 마고(마름산 고라니)가 채소를 먹었다고 한다. 남편은 다행히 옆 동네 태고(태화산 고라니)는 안 와서 다행이라 안심을 했다. 안 그러면 채소를 싹쓸이 당할 뻔

했다고 위안을 삼았다. 그래도 밭 중에 절반은 남았으니 우리 가족 채소는 먹을 수 있겠다고 해서 나는 속으로 그 절반도 고라니가 조만간에 먹을 거야! 혼자 중얼거렸다.

"철망을 좀 쳐야 고라니가 접근을 못 하지?"

"괜찮아! 고라니도 양심은 있겠지. 나머지는 먹지 않을 거야!"

천하태평인 남편은 고라니의 양심을 믿었다. 배고프면 그냥 내려와서 뜯어먹는 거지 짐승한테 양심을 찾는 남편이 어이가 없었다. 봄부터 텃밭을 경작하고 아파트에서 물도 길어 나르며 열심히 키운 채소가 고라니에 의해 다 없어질 지경이었다. 카톡을 읽던 아들, 딸도 놀라는 이모티콘을 날리면서 걱정을 하고 있었다.

"아빠 허수아비를 세워봐 그럼, 사람인 줄 알고 고라니가 오지 않을 거야."

딸이 아빠에게 방법을 가르쳐줬지만, 남편은 애들 말과 내 말을 무시했다. 고라니가 채소를 먹으면 목이 마를 수 있으니 수력 발전소를 만들어야겠다고 기상 천외한 계획을 발표했다.

"세계 최초 3단 댐 가동 중 이제 마고가 와도 채소는 안 먹고 물만 먹고 가게 유도 중, 수력 발전소도 설치 중"

남편이 올린 가족 카톡 대화를 읽고 사진을 보니 텃밭 옆에 동그란 20cm 되는 얕은 물웅덩이에 돌멩이 세 개를 얹어놓고 가져간 물을 부어놓고 수력 발전소라고 했다.

"마고 엄마는 상추를 좋아하고 고춧잎은 안 좋아하는가 봐. 그대로 있네. 식성이 까탈스러움"

"마고 아빠는 착한 것 같아. 양심적이라 열무와 호박잎은 전혀 안 먹었음"

인터넷으로 고라니에 대해 검색을 해보니 원래 고라니는 열무와 호박잎은 잎이 까칠해서 안 먹는다고 나와 있었다. 그런데 남편은 마고 아빠가 착하다고 자기 마음대로 해석을 하고 마고 아빠가 본인인 양 동일시 하는 모양새다. 남편은 부지런한 성격이 아니라, 나는 처음부터 텃밭 농사에 대해 기대하지 않았다. 운동을 싫어하는 남편이기에 살이나 빼라고 묵인하고 있었다. 그나마 텃밭이라도 돌본다고 매주 오르락내리락하니 얼굴이 핼쑥해지고 살은 5kg 빠졌다.

"자기 살 빠졌네."

"마고 때문에 속상해. 이제 친구들 태고까지 데리고 오나 봐. 너한테 채소 농사지어서 가져다주려고 했는데…."

"괜찮아. 편하게 농사지어."

남편이 살이 빠짐으로써 혈압도 내려가고 건강이 오히려 좋아진 것 같아 이보다 더 큰 풍년이 없어 채소 농사에 대해 미련이 전혀 없었다.

이번 주 토요일도 텃밭에 간 남편은 대머리 텃밭 사진을 올렸다.

"어! 텃밭이 왜 이래?"

텃밭에는 채소가 전혀 보이지 않았다. 마고인지 태고인지 고라니들이 채소를 다 뜯어 먹고 간 사진이었다. 태풍이 한번 휩

쓸고 간 황무지 같았다. 남편이 걱정되었다. 그런데 갑자기 남편이 카톡으로 웃는 이모티콘을 보내왔다.

"괜찮아?"

남편이 허탈해할까 봐 위로했는데 남편은 엄청나게 즐거워했다.

"당연히 괜찮지. 고라니들도 먹어야 살지? 그런데 양심이 있는지 호박을 내가 텃밭에 안 심고 수력 발전소 옆에 심었는데 그건 안 먹었어. 호박이 세 개나 열렸어."

남편은 올해 농사는 대박이라고 호박 세 개를 들고 기뻐하는 동영상을 찍어 보내왔다.

"이번에 텃밭을 싹쓸이해 간 마름산 고라니 가족은 4마리인데 엄마1 아빠1 아기2(성별 확인 안 됨)"

다시 카톡을 보내왔다. 고라니 가족이지만, 엄마, 아빠가 둘인 고라니도 있나? 아무튼, 아무 기대도 하지 않았는데 남편이 초록색 호박 세 개를 키워 가져다주니 기분은 좋았다. 한 개는 볶아서 먹고, 두 개는 갈치찌개를 끓여 먹었는데 유기농 호박이라 맛이 월등히 좋았다.

"내년 봄에도 또 텃밭 할 거야?"

"그럼 해야지 마고, 태고(태화산 고라니)들도 먹고 살아야 새끼들을 키우지."

남편은 내년 봄이 오기를 기다리는 것 같았다. 자식을 키우는 것처럼 채소가 커 가는 것을 지켜보는 게 기쁘다고 했다. 비록 고라니가 싹쓸이한 대머리 같은 텃밭만 남았지만, 남편은 텃밭

으로 인해 살도 많이 빠지고 건강해진 것 같아 내겐 큰 수확을
가져다준 셈이다.

초록 자두

외출하고 오니 남편이 식탁에 자두 한 상자를 사다 놓았다. 내가 제일 좋아하는 과일이 자두다. 하지만 아버지가 돌아가신 후부터 자두가 먹기 싫어졌다. 결혼 전 경비 일을 하셨던 아버지는 근무를 마치고 올 때마다 덜 익은 초록 자두 한 상자를 내게 내밀었다. 덜 익은 초록 자두는 몸이 뒤틀리게 시어 아무도 먹지 못하였다. 그러나 나는 초록 자두를 너무 좋아하였다. 아버지는 시장 아주머니들이 덜 익었다고 버리려고 하는 걸 주워 가지고 왔다고 했다.

나는 초록 자두 한 상자를 일주일 만에 해치웠다. 아버지는 딸이 맛있게 먹는 모습이 좋아 그런지 일주일에 한 상자씩 자두를 집으로 가지고 왔다. 그런데 결혼 후에 우리 집으로 아버지가 메고 온 자두는 조금씩 익은 자두였다.

"아버지 이번에는 왜 자두가 좀 익었어요? 나는 초록색 자두를 좋아하는데…"

"네가 시집을 가서 바로 못 오고 집에 두었더니 좀 익어서 그래."

나는 아버지 앞에서 한 입 베어 먹었다. 시큼하고 달콤한 향과 함께 즙이 목구멍으로 넘어갔다.

아버지는 손자들이 태어난 이후에도 자두 배달을 멈추지 않으셨다. 내가 자두를 좋아하니 무거운 상자를 메고 먼 거리에 있는 우리 집으로 걸어오시는 바람에 아버지의 어깨가 나날이 축 처져가는 느낌이 들었다. 저렇게 몇 년 동안 자두를 버리는 시장 아주머니들이 이상해서 엄마에게 물었더니 누가 자두를 시장에 버리느냐면서 아버지가 쑥스러워서 주워왔다고 했다고 했다. 엄마는 그 말을 곧이곧대로 들었느냐고 내게 타박을 주었다. 아버지는 사랑 표현에 서툰 경상도 남자였다.

어느 해부터 아버지는 더는 자두를 가져다주지 않으셨다. 아버지는 딸이 자두를 좋아하는 사실도 잊어버렸다. 의사는 아버지가 치매 초기라고 했다.

아버지는 증세가 점점 심해졌다. 똥을 누고 그 똥으로 그림을 그리면서 자두라고 자랑을 하곤 하셨다. 그렇게 아버지의 뇌는 서서히 죽어가고 있었다. 연로한 엄마는 아버지의 치매를 감당하기 어려워했다. 할 수 없이 아버지를 요양원에 입원시켰다.

엄마는 평소 아버지를 위해 삼시 세끼를 차렸었다. 아버지가 요양원에 입원한 후에도 생선을 구워 2km나 걸어서 요양원에 배달했다. 아버지를 아직도 사랑해? 하고 내가 물으면 엄마는 "측은지심"이라고 얼버무리곤 하셨다. 어머니의 보살핌에도 불구하고 아버지는 천식까지 앓아 치매는 더욱더 심해졌다. 가족들의 얼굴은 아예 알아보지를 못하셨다. 하지만, 65년을 함께 사신 엄마는 선명히 기억했다. 치매가 그렇게 심해도 엄마를 기억하는 아버지의 기억력은 놀라웠다. 엄마는 아버지가 돌아가시기 하루 전날 꿈을 꿨다면서 너희 아버지가 하늘나라로 갈 것 같으니 준비를 하라고 하셨다. 오래 산 부부는 말을 하지 않아도 통하는 게 있나 보다. 엄마는 아버지가 돌아가실 걸 의사보다 먼저 알아차렸다. 아버지는 마지막으로 엄마를 지그시 한 번 쳐다보더니 천천히 눈을 감았다. 마지막으로 두 눈엔 젊은 시절 쫓아다녀 결혼한 엄마의 모습을 담고 싶어서였을까. 그 연세에 연애결혼을 했으니 사랑에 대한 아버지의 용기는 대단했다.

아버지가 돌아가시고 10년 동안 나는 자두를 한 번도 먹지 않았다. 남편이 사 온 잘 익은 자두를 한 입 깨물었다. 아버지가 어깨에 메고 온 그 초록 자두 맛이 아니었다. 아버지가 그리워 더는 먹지 못하고 식탁에 내려놓았다. 이빨 자국이 난 자두 위로 아버지 얼굴이 겹쳐 보였다. 내게 그 초록 자두는 그리움으로 남은 멍이었는지 모른다.

두 번째 이별

신경순

옷장 구석에 걸려 있던
아버지 바지가 걸어나온다
호주머니 속
오래 묵었던 미납독촉 청구서엔
결산을 못 본 종이가 꼬깃꼬깃 접혀 있다

아들 낳았을 때 끓여주신

우럭 영수증이 여전히 팔딱거리고
초록 자두 값이 멍든 추억을 불러온다
음식 드실 때 더럽다고 고함지른 딸
슬그머니 소매로 콧물 훔치며
못된 나 용서하시라고
바지 주머니에 노잣돈 넣어둔다

바지를 조심스럽게 눕힌다
벨트가 낡아 낙엽처럼 부서진다
손자 안아주다 넘어진 아버지
노란 손수건으로 무릎에 피 닦아 주던 손에
얼룩진 핏빛 자욱하다

시간을 감싼 손수건이 노랗게 물들었다
바지를 다시 접어 한지에 고이 싼다
뜨거운 체온이 흐른다

나비 한 마리 호접란 위에 살포시 내려앉는다

릿지팀의 L왕대장

바위를 타는 산행은 대장의 역할이 매우 중요하다. 특히 산의 지리를 잘 파악하고 있어야 한다. 만일 대장이 사전 준비 소홀로 길을 헤맨다든가, 위험한 길로 안내하면 사고로 이어지기 때문이다. 대장은 경사가 심한 곳에서는 자일을 잡고 가게 하고 대원들의 안전을 책임진다. 대장에 대한 믿음과 신뢰가 없으면 산행 공지가 표시되어 있어도 잘 가지 않게 된다.

L대장님은 내가 가장 믿고 따르는 분이다. 초보자들에게는 바위 타는 법뿐 아니라 위험할 때 대처 방법까지 가르쳐 준다. 대원들에게도 본인이 가지고 있는 장비들을 빌려준다. L대장님은 산악인들의 안전이 가장 우선이다. 산행을 끝내고 뒤풀이 때는 '릿지는 사랑이다.'라고 외치면 우리 대원들은 잔을 높이 들고 L대장님의 수고에 감사하는 마음으로 맞장구를 친다.

아는 산악인에게 전화가 왔다. L대장님이 계곡에서 떨어져 사경을 헤맨다고 했다. 너무 놀라서 들고 있던 컵을 놓치고 말았다. 이유를 알아보니 폭포 하강 때 초보 산악인을 뒤에서 돌보려다 순간 몸이 휘청거려 추락했다고 했다. 등강기가 자일에 매달려 있었으면 뒤로 떨어지지 않았을 텐데 등강기가 없는 대원에게 빌려줬다고 했다. 안타까운 마음이 들었다.

산악인들이 산에 올라가서 기도를 드리기로 했다. 산에 오른 스무 명은 돌탑을 돌면서 대장님이 깨어나기를 두 손 모아 기도를 드렸다. 산을 사랑하는 사람들은 다리가 휘청거릴 정도로 돌탑을 돌며 대장님의 완쾌를 염원했다. 기도 덕분인지 대장님이 4일 만에 깨어났다는 소식을 접했다. 우리는 밴드에 올라온 소식을 듣고 댓글로 잔치라도 난 듯이 기뻐했다. 다행히 수술은 안 해도 된다고 하니 대원들이 마음을 모아 기도한 덕분인 것 같았다.

한 달이 지나고 산악인 5명이 함께 병문안하러 갔다. 생각보다 건강한 L대장님 모습에 가슴을 쓸어내렸다. 병상에서도 여전히 유머를 잃지 않는 대장님에게 빨리 회복하시라며 손을 꼭 잡아드렸다.

L대장님은 40년 넘게 꾸준히 산을 올랐던 운동신경 때문이었는지 왼쪽 팔만 약간 불편하고 그 외에는 모든 게 정상이었다. 회복이 무척 빨랐다. 병원 위 옥상 하늘공원에서 산악인들과 만난 대장님은 함박웃음을 지어 보이셨다.

사람은 안 좋은 일을 닥쳐보면 그동안 어떤 삶을 살았는지 보이는 것 같다. 대장님 주위에는 좋은 분들이 많았다. 다른 산악회 대장님은 입원해도 병문안을 오지 않는다고 투정을 하는데 우리 대장님은 사람들이 만나고 싶어 줄을 서 있을 정도로 인기 만점이었다. 나 또한 병원이 집에서 80km로 비교적 먼 거리였지만 대장님의 건강한 모습을 보고 싶어 한달음에 달려간 사람 중의 한 명이다.

언제나 잘 웃고 베풀기를 좋아하는 대장님은 같이 식사를 하고 밥값을 내려고 했다. 환자가 되어도 정이 많으신 대장님이다. 우리는 손사래를 저으며 밥값을 계산하고 휠체어를 밀고 다시 하늘공원에 올라와 커피를 마셨다. 사진도 찍고 가족처럼 서로 부둥켜안았다. 저녁노을이 우리를 보고 붉은 웃음을 지었다. 우리는 영원한 동지였다. 두 달이 지난 후 대장님이 산에 오른다고 했다. 하늘이 도왔다는 느낌이 들었다. 사람을 사랑하고, 늘 베푸는 대장님은 바위에서 떨어져 다쳐도 회복하여 산에 다시 오를 수 있는 기적 같은 일이 일어났다. 사람은 좋은 일을 하면 복을 받는 것 같았다.

"대장님! 우리 나이 들 때까지 함께 바위 타고 다닙시다."

대장님은 북한산국립공원 오봉을 쳐다보며 싱긋이 웃는다. 산에서 만나 마음을 나누고 힘들 때 함께 하는 산악인들, 자일로 마음조차 단단하게 연결되어 서로를 생각하고 위험할 때 마음을 함께하는 산악인들이 있어 항상 든든하다. 대장님은 아직도 초보자들에게 바위의 슬랩을 잘 잡고 올라가라고 가르쳐 준다.

그날 하루 산을 잘 탔다는 것은 한 사람도 다친 사람이 없이 산을 잘 내려왔다는 뜻이기도 하다. 우리는 힘들게 바위를 오른 만큼 내려와서 뒤풀이를 한다. 오늘 하루도 무사히 내려왔음에 감사함을 느끼며, '릿지는 사랑이다'를 외치며 대장님과 함께 축배의 잔을 높이 들었다.

그 소리가 북한산 자락에 푸른 하늘과 함께 맞물려 구름과 함께 춤을 추고 있었다.

핀 제거 수술을 받으며

2년 전 추위가 극성을 부리던 2월, 도봉산에서 발을 헛디뎌 왼쪽 손목에 골절상을 입었다. 친구와 이야기를 나누다가 한순간의 방심이 사고로 이어졌다. 병원에서 엑스레이와 CT를 찍었더니 의사 선생님이 고개를 갸웃거렸다.

"수술하기에는 넘치고, 안 하기에는 걱정되고 환자분이 선택하셔야 하는 상태입니다. 깁스만 해도 되지만, 나중에 골다공증이 올 수 있습니다."

"골다공증이 오면 안 되잖아요."

"올 수도 있고, 안 올 수도 있는데 깁스로 뼈를 붙게 하면 뼈와 뼈 사이에 공간이 생기니까 올 확률이 높지요. 그런데 수술을 하면 마취도 해야 하고, 번거로움이 있습니다."

"의사 선생님의 부인이라면 어떤 방법을 권하겠습니까?"

"저는 나이도 있고 하니 골다공증을 예방하기 위해서라도 수술을 권하지요."

"그럼 수술 해주세요."

전신마취를 하고 핀으로 부러진 뼈를 교정하는 수술을 받았다. 생각보다 까다롭고 힘든 수술이었다. 4박 5일 동안 입원하고 퇴원하였다.

그해 6월, 전남 순천에서 열리는 문학모임에 참석했다. 오랜만에 만나는 문우들이라 마음이 들떴던 것 같았다. 숙소가 한옥 펜션이었다. 저녁을 위해 야외에 설치된 그릴에서 고기를 굽는데 소금이 떨어졌다. 소금을 가지러 안으로 들어갔다가 마룻바닥에 넘어지고 말았다. 일어나려는데 오른쪽 팔목이 이상했다.

나도 모르는 사이에 손바닥으로 바닥을 짚었던 모양이었다. 순식간에 팔목이 부어올랐다. 순천의 한 병원 응급실로 가서 엑스레이를 찍어보았다. 골절이었다. 집과는 먼 그곳에서 수술을 받을 수 없어서 응급처치로 깁스를 하기로 했다. 의사 선생님은 어떻게 오른쪽, 왼쪽 같은 위치에서 뼈가 부러졌는지 신기하다고 했다. 부어오른 손목의 통증이 심한데도 웃으면서 모임을 마무리했다.

집으로 돌아온 후 다시 입원하고 뼈에 핀을 박는 수술을 했다. 수술을 담당한 의사 선생님은 1년 후 한꺼번에 양쪽 팔목 핀 제거 수술을 하자고 했다. 힘든 수술을 한 번만 받아서 다행이라는 생각이 들었다. 핀 제거 수술을 평생 안 하는 사람도 있지만, 나 같은 사람은 핀을 제거하지 않는 상태에서 바위를 탔다가 그 부분의 뼈가 다시 부러진다면 핀으로 인해 뼈가 산산조각이 날 수 있다고 했다.

1년이 지난 후 수술을 받아야 하는데 의료사태가 일어났다. 전공의들이 없어 수술할 수 없다고 담당의가 말을 했다. 다시 1년을 기다려야 했지만, 그 상태로 너무 오래 두면 뼈와 핀이 협착이 된 부위가 감염이 생길 확률이 높아진다. 3개월을 더 기다린 후 의사 선생님에게 부탁해서 겨우 핀 제거 수술을 받을 수 있었다.

수술 전, 하루를 금식하고 수술 후에도 4시간 동안 또 금식이었다. 수술한 당일은 통증이 심해 15분마다 한 번씩 눌러야 할 무통 주사를 1분마다 눌렀다. 내가 입원한 병실은 간병인을 두

지 않고 간호조무사가 환자를 돌보는 간호 병동이었다. 입술이 바짝 말라 물에 적신 거즈를 물고 있어야 했다. 그런데 나를 담당하는 간호조무사는 내가 두 손을 못 쓰는데도 거즈를 이불에 툭, 던졌다. 말투도 불친절해서 내가 한마디 했다.

"환자에게 좀 친절하게 하면 안 되나요?"

그 후로 간호조무사는 내게만 고분고분했지 목덜미에 석회가 끼어서 큰 수술을 받은 옆 침대 83세 할머니에게는 자주 부른다고 투덜거렸다. 나는 더 참을 수 없었다.

"어르신이 간호조무사님을 부를 때는 필요해서 부르니 좀 친절하게 하시죠?"

그녀는 아무 대답도 하지 않았다. 나는 할머니한테 다시 한번 더 불친절하게 하면 간호사실에 말하려고 벼르고 있었다.

병원에서 실시하는 설문 조사에 간호조무사들이 불친절하다고 적었다. 3교대로 근무하니 친절한 간호조무사들도 있고 반대로 불쾌한 마음이 들게 하는 간호조무사들도 있었다.

나는 직업정신이 투철한 사람이 좋다. 간호조무사도 환자를 돌보는 직업이라 친절해야 한다고 생각한다. 나의 딸도 간호사다. 평소 딸에게 아픈 사람이 제일 불쌍하니 피곤하더라도 잘 보살펴 드리라고 말하곤 한다.

머리를 교정시켜 놓은 옆 침대 할머니에게 화장 지우는 티슈를 드렸다. 할머니는 세수를 못 해서, 하며 고마워하셨다. 흰죽이 지겹다고 잘 드시지 못하는 할머니를 위해 채소죽을 신청해 드렸다. 그러자 거뜬하게 한 그릇을 다 드셨다.

나이 들면 그 자체로 애잔한 것 같다. 그렇게 큰 수술을 하면서 자식들에게는 외국 여행 중이라고 하셨단다. 할아버지가 매일 전화해서 물어보는데 두 분은 자신이 하려는 말만 하지 대답은 하지 않는다. 할머니가 한쪽 귀가 잘 들리지 않는다고 한다. 할아버지도 귀가 잘 안 들리는 것 같았다.

할머니는 핸드폰 카톡을 보내는데 탁탁 소리를 내고, 핸드폰으로 전화를 받는데 스피커폰으로 통화를 하니, 환자들이 쉬지를 못한다. 옆 침대 아주머니와 대화를 하고 '우리도 나이 들면 귀가 잘 안 들려 저렇게 행동할 수 있으니 조금만 참읍시다'라고 말하니 아주머니는 환하게 웃었다.

퇴원하는 날, 할머니가 눈물을 글썽거린다. 사람이 그립다는 뜻이다. 나는 손을 꼭 잡아드리며 빨리 회복하시라고 했다.

집으로 오니 아들과 딸이 사 보낸 반찬이 그득하게 쌓여 있다. 아이들의 사랑에 뭉클해진다. 당분간 반찬을 못 하니 그 마음을 즐겁게 받아들였다. 고맙다고 사랑한다고 카톡을 보냈다. 2주간은 운전도 하지 말고 무거운 것도 들지 말라고 한다. 2주 후에 실밥을 풀면 된다. 위험요소이던 핀 제거를 했으니 이제 안전하게 산을 탈 수 있다.

이제 나는 자유인이다.

엄살

누군가 벨을 눌렀다. 인터폰으로 보니 남편이다. 저 사람이 왜 비밀번호를 누르고 안 들어오고 벨을 누르지? 고개를 갸웃거리며 현관문을 열었다. 남편은 수영하듯이 두 손을 휘저었다.

"뭐야? 왜 그래?"

"나, 아무 것도 안 보여!"

"무슨 일 있어?"

남편은 두 눈을 감고 있었다. 벽을 겨우 잡고 게걸음으로 걷는 남편을 부축하고 안방으로 데리고 갔다. 남편 말로는 각막이 다쳐 눈에 안약을 넣었다고 한다. 나는 고개를 저었다. 평소에 엄살이 심한 남편이라 진짠가? 각막이 다쳤으면 입원할 텐데, 이 사람이 어떻게 운전을 하고 여기까지 왔지? 머리에는 많은 생각이 스쳐 지나갔다.

아이들 어릴 때도 열이 조금 나면 이러다 죽는 것 아닐까? 하며 나만 빤히 쳐다보던 남편이었다. 할 수 없이 내가 아이를 둘러업고 응급실로 향했다. 남편은 느릿느릿 뒤따라 왔다. 치과에 가서 사랑니를 빼고 다리까지 떨리니까 회와 소주를 먹으면 나을 것 같다고 해서 횟집에 가서 사줬던 일, 바깥에 현관문이 흔들리면 도둑이 들어온 것 같다고 나보고 나가보라던 남편이었기에 꼬리에 꼬리를 물고 의문이 들었다.

"너는 나 실명하면 안 데리고 살 거지?"

"그거야 당연하지. 연장이 고장 나면, 새로 사야지!"

나는 남편이 어떤 답을 원하는지 알지만 반대로 대답을 하고 말았다. 남편은 입을 실룩거리면서 눈꺼풀을 들어 올렸다.

"나, 눈 괜찮은데…"

나는 고개를 저으며, 어이없다는 표정을 지었다.

"왜 그래. 사람 놀래게…"

"놀랐어? 미안, 사실은 오늘 안과에 갔는데 안구건조증이라고 건조상태가 어떤지 약을 넣고, 1시간 기다리고 또 다른 쪽을 검사했는데 안구건조증이 약간 있는데 고구마 안 먹고, 밥 잘 먹고 다니면 금방 낫는다고 하네."

"밥보다 고구마가 시력에 도움이 되거든요. 베타카로틴이 풍부한데 체내에서 비타민A로 전환되어 눈 내부의 빛 감지 수용체를 형성하는 데 도움이 되게 해서 안구건조증에 아주 좋아요. 물론, 당근도 좋고…"

"아고야! 내가 못 살아"

남편은 자기 이마를 툭! 친다.

어린아이 같이 행동하는 남편의 태도에 혀를 내두르면서 언제쯤 어른하고 같이 사는 느낌이 들지라는 생각이 들었다. 친구들이 자신들의 남편에게 큰아들이라고 해도 나는 인정하고 싶지 않았는데 하필 오늘 그런 기분이 들 줄이야. 흰머리가 희끗희끗한 유치원생하고 같이 놀려니 심심하지는 않다.

아래층 여자

탕탕! 현관문을 치는 소리가 들렸다. 아래층 여자가 분명했다. 나는 천천히 문을 열었다.

"왜요?"

눈썹을 치켜뜨고 노려보는 그녀에게 물었다. 하루에도 몇 번씩 올라오는 그녀는 우리 집 바로 밑에 사는 노처녀다. 그녀가 앙칼진 음성으로 핏대를 세웠다.

"저녁마다 쿵쾅거리고 뛰니 사람이 살 수가 없어요. 조심하라고 몇 번 말해야 해요?"

나보다 한참 어려 보이는데 그녀는 삿대질까지 해대며 악을 썼다.

"우리 집은 뛸 아이들이 없어요. 우리 부부만 산다고. 몇 번이나 말해야 알아들어요?"

나는 화가 나서 문을 세게 닫아버렸다.

"귀신하고 같이 살아요? 쿵덕거리는 소리는 뭐냐고요?"

그녀는 한참 동안 현관 앞에서 고함을 지르다가 아래층으로 내려갔다. 대체 우리 집에서 무슨 소리가 들리기에 하루 이틀도 아니고 매일 저녁 올라오는지 알 수가 없었다.

층간소음이 충동 살인으로 이어진다는 기사를 많이 접한다. 하지만 우리 집은 아이들이 독립해서 부부밖에 없고, 안방과 거실을 오가는 게 고작인데 저녁마다 올라와서 초인종을 눌러대니 스트레스가 이만저만이 아니다.

노처녀의 히스테리인가? 부모님하고 같이 산다던데, 왜 저러지, 하고 중얼거리는데 남편이 살금살금 까치발로 안방에서 나오며 저 여자 어디 아픈 거 아니냐고 물었다. 흡사 잘못을 저지른 초등학생 같은 남편이 우스워 내가 웃음을 터뜨리자 남편도 따라 웃었다.

다음 날 우리 부부는 아래층 여자와 엘리베이터를 함께 타게 되었다. 나는 그녀를 보지 않으려고 고개를 돌려버렸다. 순간 역한 냄새가 나서 그녀를 살피니 음식물 쓰레기봉투를 들고 있었다. 나도 모르게 손으로 코를 움켜쥐었다. 층간소음은 따지고 들면서 엘리베이터에 숨을 막히게 하는 음식물 쓰레기 냄새를 진동하게 하는 그녀가 정상은 아닌 듯했다. 남편이 아래층 여자를 향해 말했다.

"안녕하세요. 우리는 전혀 안 뛰는데 아직도 소리가 들리세요?"

남편이 넉살 좋게 말을 건네도 그녀는 대답 대신 고개만 까닥했다. 나는 연장자에게 고개만 까닥거리는 그녀가 어이가 없었다. 문득 그녀를 바라봤는데 수심이 많은지 낯빛이 어두웠다. 그녀가 1층 쓰레기 처리장에 내리자, 나는 얼른 엘리베이터 문을 닫아버렸다. 문이 닫히는 순간, 그녀가 나를 쏘아봤다.

어느 날 저녁, 아래층이 시끄러웠다. 살그머니 아래층을 내려가 보니 그녀의 집 앞에 사람들이 웅성거렸다. 사람들을 비집고 안쪽을 보았다. 거실 쪽에 그녀가 입에 거품을 물고 쓰러져 있었다. 누군가 곧 119 구급차가 도착할 거라고 했다.

그녀를 들것에 실은 119구조대원이 같이 가줄 사람이 있느냐고 물었다. 내가 환자 부모님이 집에 있을 거라고 했다. 그러나

119구조대원은 집안에는 아무도 없다고 했다. 할 수 없이 우리 내외가 따라나섰다.

원인은 수면제 다량 복용이었다. 하얀 시트를 덮은 채 눈을 감고 있는 그녀를 보니 마음이 짠했다. 119대원은 그녀가 혼자 살고 있다고 했다. 분명히 부모님하고 같이 살고 있다고 했는데….

응급실 담당 의사는 그녀의 뇌에 종양이 있다고 했다. 그래서 불안증세가 같이 왔을 거라며 정신과와 종양내과와 연계해서 진료를 받게 해야겠다고 했다. 현재 보호자가 없으니 임시 보호자로 우리 부부가 서명을 해줬다. 그녀와 이런 인연으로 이어질 줄 꿈에도 생각하지 못했는데….

다음 날 병원으로 그녀를 찾아갔다. 그녀는 정신과 진료를 받은 후 종양내과에서는 뇌에 종양이 있어 수술만 하면 종양이 크지 않아, 정상으로 돌아올 수 있다고 말해 주었다. 우리는 그녀의 말을 듣고 안심이 되었다.

그녀가 죄송하다고 했다. 내가 보호자가 있냐고 물어보니 없다고 해서 동사무소에 연락하여 연계하여 주었다.

그녀는 고아였다. 그녀의 발작은 외로움에서 오는 울부짖음이었다. 마음이 착잡한 우리 부부는 그녀가 입원해 있는 동안 도시락을 싸서 몇 번 더 병문안을 다녀왔다. 비록 우리 부부를 스트레스 받게 했지만, 오히려 그녀의 딱한 사정에 어떻게든 도와주고 싶을 정도로 안타까운 마음이 들었다. 그녀가 완전하게 회복하려면 시간이 걸릴 것이다. 그녀가 무사히 돌아와서 서로 웃으며 인사하기를 바란다.

서울말 흉내내기

주말이 되면 사람들은 피곤을 풀거나, 마음과 행동이 느긋해지기 마련이지만, 우리 집은 항상 평소와 다름없이 행동한다. 남편의 아침 식사는 6시에 먹어야 하고, 점심 식사는 12시에 먹어야 한다. 철저한 대한민국의 새 나라 어린이를 대표해서 키가 큰 어른이다. 아침밥을 남편과 먹고 나는 카페에 글을 쓰러 갔다. 점심 때가 되자 남편이 걱정되었다. 마땅하게 먹을 게 없어 남편에게 전화를 걸었다. 외식하자고 했더니 남편은 언제나 '응'이다. 'NO'가 없는 남편이 편안하기도 하지만 가끔 권태로울 때도 있다.

남편이 뭐가 먹고 싶냐고 물었다. 얼큰하고 매운 것이라고 했더니 매운탕을 먹으러 가자고 했다. 검색해서 내비게이션 음성에 주소를 말했다. 내비게이션이 경상도 억양을 못 알아듣는다. 하긴 경상도 억양과 서울말 억양은 톤 자체가 다르다. 경상도 말은 억양이 높고 낮음이 뚜렷한데 서울말은 톤이 일정하다. 다섯 번을 말해도 내비게이션이 다시 물어왔다.

"정확하게 다시 말씀해주십시오."

"정확하게 다시 말했는데요."

"더 정확하게 말씀해 주세요."

내비게이션 음성지원은 계속 같은 말만 되풀이 했다. 사람이라면 나에게 화가 났을 거라는 생각이 들었다. 옆에 있는 남편의 팔을 흔들었다.

"서울말로 좀 해봐 끝을 올리고 톤은 일정하게 자기는 직장생활을 하면서 서울말을 써야지. 이사 온 지 25년이 넘었는데 왜 서울말을 안 써?"

남편이 "파발로~" 하고 끝을 나름 정성껏 올렸는데도 내비게이션은 '다시 정확하게 말씀해주십시오.'라는 내비게이션의 음성이 흘러나왔다.

"아! 나는 서울말이 안 되니 당신이 해봐라."

"알았어. 파·발·로~"

나는 한 자 한 자 끊어서 또박또박 말을 했다. 그러나 역시 실패였다. 내비게이션은 까탈스러웠다. 남편이 웃으며 나를 쳐다보고 말했다.

"별수 없네. 서울말 좀 배워. 이사 온 지 25년째인데 왜 그렇게 서울말이 안되니?"

"그래도 뭐 부산 가면 친구들이 서울말 쓴다고 난리거든, 부산말 쓰라고…"

"정말?"

"그럼! 친구들이 놀린다고, 나 서울말 쓴다고."

"아닌데, 당신은 완전히 부산 토종 사투리인데…"

택시 타면 기사님이 여기 사람 아니시죠? 하고 물어왔던 기억이 났다. 내가 어디 사람 같으냐고 되물으면 기사님은 충청도 사람 같다고 한다. 내 말을 듣고 남편이 많이 올라왔네, 다음에는 강원도까지 올라오도록 노력하라고 한다.

"우리가 여기 오래 살다 보니 억양은 조금 부드럽게 변했지. 그건 환경 때문이고, 네가 노력해서 변한 건 아닐 거야. 나도 회사에 가면 표준말을 쓴다고 쓰는데 가끔 나도 모르게 사투리가 나와. 하루는 젊은 직원이 사무실에서 꾸벅꾸벅 졸고 있더라고…"

"사투리로 말한 거야?"

나는 재미 있을 것 같아 남편 옆에 바짝 붙어 물었다.

"피곤하면 탕비실에 가서 '누볐다온나' 말했는데 젊은 직원이 고개를 두리번거리고 다른 직원들도 다 나를 쳐다보더라고…"

남편은 내게 말하면서도 얼굴이 약간 붉어졌다. 그때의 당황스러움이 생각이 나는 것 같았다.

"나중에 직원들이 '누볐다온나!' 말은 일본어인 줄 알았다고 하더라."

남편의 이야기를 듣고 나는 박장대소를 했다. 남편에게 서울 사람들끼리 싸우는 것 봤어? 아, 나는 지겨워서 죽는 줄 알았어. 톤이 일정해서 싸우는 것인지, 잠이 오더라고, 경상도 사람들은 싸우면 전쟁 일어난 것처럼 시끄러운데, 여기 사람들은 싸워도 평화로워! 어떨 때는 부럽기도 하고, 재미없기도 하고 그래. 우리는 부산 사람(경상도)끼리 서로의 고충을 얘기하며 공감대를 형성했다.

우리는 말로 하는 내비게이션은 포기하고 주소를 찍고 매운탕 집으로 향했다. 서울 사람들은 내가 말만 하면 고향부터 묻는다. 서울 사람 같지는 않은데 어딘지 확실히 모르는 것 같긴하다. 처음에는 경남이시죠? 부산이에요? 대구세요? 등 본인의 잣대로 고향을 판단하기도 했는데 지금은 직접 묻는다. 억양을 세게 안 하고 말을 천천히 해서 그런가? 서울 근처로 이사 온지 25년이 넘었는데 우리 부부의 말은 내비게이션도 못 알아듣는다. 하지만, 25년이 넘는 세월 동안 그들과 이제 친구와 이웃이 되어 서로 힘이 되어주니 멀리 있는 부산 사람들보다 더 가까이 지낸다. 사람은 사투리를 써도 따뜻하게 서로를 위하는 마음이 있으면 사람 사귀는 데는 별문제가 없는 것 같다.

내비게이션은 나의 사투리를 10년 후에도 못 알아듣겠지만, 나는 실망하지 않는다. 처음 이사 왔을 때 경상도 사람들과 정서가 너무 달라 실망을 많이 했다. 경상도 사람들은 하루면 친구가 된다. 하지만, 서울 사람들은 한 달, 일 년을 사귀어도 속내를 보여주지 않았다. 답답함이 밀려왔지만, 내가 따뜻한 마음으로 먼저 다가가니 그 벽이 허물어진다는 사실을 깨달았다.

앞으로 내비게이션도 사투리 버전도 나오기를 기대하고 있다. 내비게이션을 사투리 버전으로 사야 하나, 새로운 고민이 생길 것 같다.

여자 산악인의 신음소리

안개가 흩어지더니 울창한 숲 사이로 비추는 햇살이 눈부시다. 산악인들의 스틱 소리가 경쾌하다. 오전 내내 흐렸던 날이 개면서 물오른 버들가지가 빛다발들처럼 하늘거린다. 마음까지 상쾌해서 콧노래를 흥얼거리며 산으로 올라가는데 어디선가 여자 신음소리가 들려왔다.

"아이 흥흥"

산에서 낼만 한 소리가 아니었다. 나는 고개를 갸웃거리며 착각이겠지 하며 계속 산을 올랐다. 그런데 또다시 같은 소리가 들려서 뒤를 돌아보았다. 선우씨가 땀을 닦으며 신음소리를 내고 있었다. 그녀는 바위에 앉아 쉴 때조차도 남녀가 섹스할 때 낼 법한 교성을 중단하지 않았다. 나는 그녀에게 다가갔다.

"아이! 아~응(옥타브가 있음)"

그녀는 내가 옆에 다가와도 신음소리를 중단하지 않았다.

나는 사과 한 조각을 그녀에게 건네며 물었다.

"많이 힘들죠?"

"아잉! 힘들어 죽겠어용"

그녀는 내 팔을 때리며 사과를 받았다. 환하게 웃는 그녀의 이마에 송골송골 땀방울이 맺혀있었다.

나는 선우씨와 거리가 떨어진 것을 확인한 후에 남자 산악인에게 물었다.

"저분 왜 저래요?"

"모르겠어요. 산에서 두 번 정도 봤는데 항상 저래서 죽겠어요. 저 소리 들으면 제 몸이 뒤틀려요."

남자 산악인은 일부러 몸을 이리저리 흔들었다.

"아이고! 민망하게 그만해요."

그제야 남자 산악인이 장난을 멈추었다.

나는 이유가 궁금해서 선우씨에게 다가갔다. 그녀는 스틱에 의지한 채 엉덩이를 실룩거리며 끊임없이 "아잉! 흥흥" 신음소리를 내며 산을 올랐다. 나는 그녀에게 힘들면 잠시 쉬어가라며 차가운 얼음물을 건넸다.

"아이 고마워용."

그녀는 또 신음소리를 냈다. 그녀가 물을 다 마신 후 산을 같이 올랐다. 그녀는 힘든 구간이 나오면 몸을 비틀고 다리를 꼬며 신음하기 시작했다.

"아잉 어쩌면 좋아. 오빵 업어줘잉"

"헐! 여기 오빠가 어딨다고, 아는 오빠 있어요?"

"없어요. 그냥 해 본 소리예용."

그녀는 생각했던 것보다 더 상식적인 사람이 아니었다. 그녀가 계속 신음소리를 내자 뒤에서 따라오던 남자 산악인들이 그녀를 힐끔거렸다. 신음소리가 좋다는 뜻인지, 불쾌하다는 뜻인지는 잘 모르겠지만, 남자 산악인들은 이상한 눈빛으로 그녀를 쳐다보기 시작했다. 그녀의 직업이 뭔지, 왜 저러는지 모르겠다고 사람들이 수군거리기까지 했다.

점심을 먹기 위해 산악인들이 자리를 펴고 빙 둘러싸여 앉았다. 나는 일부러 선우씨 옆에 앉았다. 신음소리를 내는 이유가 궁금해서였다. 과일과 반찬을 덜어 그녀에게 주며 왜 신음소리를 내느냐고 물었다.

　"아 그거요. 힘들어서 그렇죠잉"

　그녀는 활짝 웃으며 말했다. 남자를 녹일 듯한 미소였다. 나는 천천히 그녀에게 말했다.

　"선우씨가 신음소리를 내니까 남자 산악인들이 기분이 이상하다고 해요."

　그녀는 평소에 청소와 요리 등 집안일을 하면서도 그런 소리를 낸다고 했다. 남편이 무척 좋아한다는 것이다. 이젠 아예 습관이 되어버렸다고 했다. 나는 그녀의 남편이 변태일지도 모른다는 생각이 들었다.

　"애교가 많은 걸 어떡해요. 저는 남편에게 사랑을 듬뿍 받는 여자예요."

　그녀가 여전히 웃으며 말했다. 나는 남편에게만 하면 되지. 왜 산에서 그런 신음소리를 내고, 다른 산악인들에게 애교를 떠는지 이해가 되지 않았다.

　내가 사과를 깎자 그녀는 자신이 남자 산악인들에게 나눠준다고 했다. 깎을 땐 손 하나 까닥 않더니 왜 본인이 나눠주는지 웃음이 나왔다. 그녀는 자신의 사과처럼"이것 드셔보세요." 하며 생색을 냈다. 다 같이 나눠 먹으려고 가지고 온 사과라 누가 나눠주던 대수롭지 않았지만, 그녀가 얼마나 약삭빠른 사람인지 알 것 같았다.

점심을 먹을 때도 그녀는 '아잉' 하고 신음소리를 냈다. 습관이었다. 저럴 필요가 없는데 일부러 남자 산악인 들으라고 하는 것 같아 왠지 기분이 씁쓸했다. 그녀는 딸이 3명인데 다 그렇게 행동한다고 했다. 남녀가 섹스할 때 내는 소리를 낸다고 하니 기가 찰 노릇이다. 그녀는 그런 딸들이 귀엽다고 했다. 예의와 상식이라곤 손톱만치도 없어 보이는데 귀엽다니, 가치관의 차이인가? 만약 딸들이 회사에 취직하여 상사한테 그런 소리를 낸다면 어떤 대우를 받을지 상상은 한번 해봤는지 물어보고 싶어졌다.

애교는 상대에 대해 부드럽고 예쁜 사랑의 표현이다. 하지만 산에까지 와서 남자들의 몸을 뒤틀리게 하고 산행에 방해가 된다면 그건 잘못된 행동이다.

"아니 뒤따라 오는 남자들 선우씨 신음소리 때문에 흥분되어 산을 못 타겠대요."

"흠흠 그래요. 이를 어쩜 좋아 아잉."

그녀는 미소를 활짝 띠며 웃는다.

점심을 먹고 산에 올라가는 우리는 그녀의 신음소리를 계속 들으며 올라왔다. 정상에 도착하자, 그녀는 소리를 질렀다.

"아잉 신나! 쪼아! 으흐흐."

"정상에까지 와서 신음소리를 내면 산신령님도 흥분할 텐데…"

　다른 산악인이 그녀에게 한마디 하자, 다들 웃음을 터뜨렸다. 불쾌한 소리까지 들어야 했던 힘든 산행이었지만 정상에서는 그녀의 괴상한 신음소리도 살랑거리며 메아리로 퍼져나가고 있었다.

비밀번호

서울에 불볕더위가 누그러지지 않는다는 뉴스를 보며 외출을 해야 하는데 망설여졌다. 하지만 급하게 해결해야 할 일이 있어서 은행 ATM기 앞에서 돈을 찾았다. 돈을 세고 있는데 옆에 할아버지 한 분이 고개를 갸웃거리며 단말기에 은행카드를 넣었다 뺐다 하는 것이었다.

"할아버지 도와드릴까요?"

내가 말을 꺼내니 할아버지가 웃으면서 고개를 끄떡거렸다.

"이 카드로 여기로 돈을 좀 넣어주세요."

할아버지는 내게 5만 원짜리 여러 장을 건네주었다.

"아, 계좌이체 하란 말씀이세요?"

할아버지는 그렇다고 대답을 했다. 나는 순간적으로 혹시 보이스피싱이 아닌가 싶어 할아버지께 몇 번이고 물었으나, 그건 아니라고 했다. 계좌이체 할 금액이 30만 원인 것을 보니 보이스피싱은 아닌 것 같다는 생각이 들었다.

통장만 넣고 입금을 누르면 되는데 싶어 통장을 넣으니 입금이 되지 않았다. 몇 번을 더 시도했으나, 사용하지 않는 통장으로 나왔다. 여름 날씨에 통장에 붙은 마그네틱 줄무늬가 더운 열기에 이상이 생긴 것 같았다. 할아버지께 통장이 안 된다고 말씀드리나…

'어휴 구십 노인이 하기 힘드네' 하며 한숨을 쉬었다.

연세가 드시면 손, 발이 마음대로 잘 움직여지지 않나 하는 생각에 안타까움이 밀려왔다. 자식이 있는지 없는지 모르지만, 통장에는 60만 원 정도의 잔액이 있었다. 30만 원은 큰돈일 텐데 통장에 넣으려고 하는데 잘 들어가지 않았다.

할아버지께 은행에 직접 가시면 해결해 주실 거라고 얘기를 드렸더니 은행은 가실 생각을 하지 않고, 계속 카드를 넣고, 비밀번호를 누르고 계신다. 아마 비밀번호가 잘못되었을 수도 있다. 나이 드신 어른들은 비밀번호를 잊어먹을 수도 있으니까. 나 또한 비밀번호가 많아서 휴대폰 메모장에 적어놓고 다닌다. 카카오톡 비밀번호, 주식계좌 비밀번호, 메일주소, 통장 비밀번호, 사람이 살아가는데 무슨 비밀번호가 그렇게 많이 필요한지 수없이 많은 비밀번호를 다 외운다는 건 천재들만 할 수 있는 일 같았다. 핸드폰 사용만 하려고 해도 비밀 패턴을 넣어야 사용할 수 있으니 말이다. 내가 노인이 되면 그 패턴마저 잊어버리지 않을까 염려가 되었다. 혹시 하늘나라에 갈 때도 비밀번호가 있어야 들어갈 수 있다고 하지 않을까 궁금해졌다. 그건 죽어봐야 저승문에서 알 수 있을 것 같았다.

할아버지께 더운데 고생하지 마시고 은행가면 바로 해결해 주니 은행을 가시라고 몇 번을 당부드리고 나는 그 자리를 벗어났다.

나이가 들수록 주변에 누군가 같이 있어야 한다는 생각이 들었다. 간혹 실수할 때 누군가 도움을 받지 못하면 그게 맞는 줄 알고 계속 같은 일을 되풀이할 것이다. 할아버지처럼 내가 틀렸다고 가르쳐줘도 카드를 넣으면 무조건 되는 줄 알고 계속 같은 일을 반복하고 있지 않은가. 할아버지를 은행에 모시고 가서 끝까지 해결해 드리지 못해서 죄송했다.

이 더운 날씨에 같은 행동을 몇 번 더 되풀이할지 걱정이 앞섰다. 요즘 물건을 살 때나 식당에서 주문할 때조차 기계로 주문을 해야 하는 세상이라 더더욱 그런 생각이 든다.

이타적인 삶과 생각

애들이 어릴 때 강원도 소금강 계곡으로 휴가를 떠났다. 휴가는 떠나는 것만으로 즐겁다. 아이들은 신이 났고 나도 덩달아 기분이 좋았다. 계곡에 도착하자 아이들은 물고기가 물을 만난 양 튜브를 가지고 강가로 뛰어들었다. 수영을 잘하는 아들에 비해 수영을 못하는 딸은 엉거주춤하게 걸어 들어갔다. 초등생들이라 알아서 놀겠지 생각하고 짐을 푼 뒤 조금 후 강에 도착했더니 둘이 신나게 놀고 있었다. 그런데 딸이 머리는 튜브에 걸쳐있는데 고개를 숙이고 있었다. 엄마의 촉이었을까? 뭔가 이상했다.

"아들! 지숙이가 이상해 빨리 가봐."

가까이 간 아들은 지숙이를 끌어안고 바깥으로 나왔다. 딸은 물을 많이 마셔 숨을 제대로 못 쉬고 있었다. 수영을 못한 딸은 튜브가 있었으나 몇 번 물을 마신 뒤 실신 직전이었다. 주위 사람들에게 부끄러운 줄도 모르고 고함을 질렀다.

"여기 사람이 죽어가요. 우리 딸 좀 구해주세요."

나의 심장이 펌프질하고 있었고, 눈앞이 빙빙 돌았다. 그럴 때 키가 크고 군인인 듯한 남자가 뛰어와 딸을 반듯이 눕히더니 심폐소생술을 실시했다. 딸은 물을 토해내며 숨을 쉬었다. 나는 가슴을 쓸어내렸다. 내 눈에는 닭똥 같은 눈물이 쉴 새 없이 흘러내렸다. 군인한테 감사하다고 수없이 인사를 했다. 전화번호를 달라고 했다. 다음에 식사라도 한 끼 대접하고 싶었다. 딸을 끌어안았다. 숨을 쉬는 것만으로 하늘이 도와준 것만 같았다. 이제 괜찮다고 해도 병원 응급실로 데려갔다. 의사 선생님의 진단으로는 응급조치를 잘해서 괜찮지만, 당분간 물에는 못 들어가게 하라고 했다. 딸은 3박 4일 동안 얕은 물에서 다슬기만 나하고 같이 잡았다. 다슬기로 수제비를 해 먹었더니 꿀맛이었다. 딸이 죽을 고비를 넘겨서인지 함께 식사하는 순간이 감사하고 행복했다.

갑자기 사고를 당하는 사람들이 의외로 많다. 자동차 사고, 등산객들의 추락사, 자살 사고 등 많은 사고를 접하면서 모른 척하는 사람들도 있지만 자기 일처럼 나서서 도와주는 사람도 많다. 그런 이타적인 사람들이 있어서 사회는 따뜻함으로 채워지는 것 같다.

등산하러 자주 가니 바위에서 떨어지는 사람들을 자주 보곤한다. 즉사하기도 하고 살아도 대수술을 받는 경우가 있다. 헬기가 와서 추락한 환자를 꽁꽁 묶어서 위로 끌어올린다. 그리고 헬기에 태워 올라간다. 산에 올라가면서 우리 등산인들은 헬기 소리만 들어도 온몸에 소름이 돋는다. 또 누군가 다쳤다는 생각에 심장이 욱신거린다.

산을 함께 타던 등산인 한 명이 넘어져 발가락뼈가 부러졌다. 비탐지역(비탐방지역)에서는 헬멧을 써야 한다. 그런데 발가락을 다친 등산인은 헬멧을 쓰지 않았다. 부상 등산인은 119를 부르면 벌금이 많다면서 부르지 말라고 했다. 옆에 있던 남자 등산인이 그를 업었다. 비탐길은 길이 무척 험했다. 나는 벌금 물지 않으려고 다른 등산인을 힘들게 고생시키는 게 못마땅했다,

산은 어둠이 빨리 몰려왔다. 우리가 헤드랜턴으로 길을 밝혀 줬다. 바윗길이라 잘못하면 업힌 등산인뿐 아니라 업고 가는 등산인도 넘어질 것 같아 신경을 곤두세웠다. 산 위에서부터 업고 온 남자 등산인이 더는 힘들어서 못 하겠다며 다친 등산 인을 내려놓았다. 다친 등산인이 살살 걸어보겠다고 했다. 뼈가 부러졌는데 움직이면 안 될 텐데 걱정이 앞섰다. 하지만 119를 부르지 않으려고 하니 방법이 없었다. 결국, 부축을 받고 산밑 까지 내려온 다친 등산인은 119구급차를 불렀다.

산속에서 시간이 많이 지체되어 산밑에 있는 도로까지 잔뜩 어둠이 깔렸다. 119 구급차에 다친 등산인과 동료 등산인 한 명 이 타고 가는 걸 보고 나머지 일행은 집으로 돌아왔다. 나중에 소식을 들으니 부러진 뼈가 움직이는 바람에 산산조각이 나서 대수술을 받아야 한다고 했다. 벌금을 아끼려다 더 고생하는 꼴이 돼버렸다. 본인이 선택한 몫이니 어쩔 수 없었다.

딸을 구해준 군인이나 부상 당한 동료를 업고 그 험한 산을 내려 온 등산인은 자기의 희생을 두려워하지 않는 이타적인 삶 이다. 한편 자기 고집보다는 일행들의 마음을 배려하는 것도 이타적인 삶 중의 하나라는 생각이 들었다.

인연

사람과 사람은 인연으로 만난다. 불교에서는 한 사람과의 만남이라도 내가 지은 어떤 씨앗인 '인'이 시간이 흐르며 '연'을 만나 만남이라는 결과를 만든 것이라고 본다. 인은 씨앗이고 연은 환경이다.

숯불 닭갈비를 먹으러 갔다. 서빙하시는 아주머니 한 분이 친절하였다. 식당에 가면 음식도 맛있어야 하지만 직원분들이 친절하면 다시 찾게 된다. 그 식당을 세 번쯤 방문했을 때였다. 서빙하시는 아주머니가 우리 동네에 산다는 사실을 알았다.

며칠 후 마트에서 그 아주머니를 만났다. 같은 동네에 산다지만 만나기가 쉬운 일이 아니라며 우리는 반가워했다. 서로 안부를 묻다가 그녀가 전화번호를 달라고 했다. 나는 다음에 또 만나면 주겠다면서 우리의 인연을 한 번 더 믿어보자고 했다. 우연으로 한 번 만난 사이인데 전화번호를 교환하자는 그녀의 제안에 선뜻 응하기 어려웠기 때문이었다. 인연이라면 어떻게든 만나게 될 것이고 그때 전화번호를 주고받아도 늦지 않을 것 같았다. 우리는 악수를 하고 헤어졌다. 두 번째 인연으로 이어질 것 같은 느낌이 들었다.

우리는 많은 사람과 만나고 헤어진다. 어떤 사람과는 스치는 인연이 되기도 하고 어떤 사람과는 깊은 관계로 이어지기도 한다. 이를 두고 불교에서는 시기가 맞아야 이루어진다는 뜻을 가진 시절인연(時節因連)이라고 한다.

불교에서는 억지로 인연을 만들려고 하거나, 이미 끝난 인연을 붙잡으려 하면 오히려 고통을 초래할 수 있다고 한다. 시절

인연은 사람과의 관계뿐만 아니라 기회나 운영에도 적용할 수 있다. 준비되어있다면 인연이 자연스럽게 찾아오고 그 기회 역시 내 것이 될 가능성이 커진다.

나는 페이스북을 하고 있다. 게시물을 올리면 낯선 분들이 자기 일처럼 좋은 일에는 축하를, 안타까운 일에는 위로를 해준다. 책을 출간했을 때 한 번도 뵙지 않는 분들이 10권씩이나 사주셔서 참으로 감사했다. 만나지 않았지만, 페이스북이라는 인연으로 맺어져 서로 대화도 나누고 공감도 해준다. 때로는 날이 선 댓글이 달리기도 한다. 그러나 친절한 댓글에 힘을 얻는 건 사실이다.

페이스북 공간도 사람이 있는 공간이라 사회생활과 비슷하다. 다만 글로써 오간다는 점이 다를 뿐이다. 인연에 따라 1개월 만에 떠난 사람도 있고 몇 년 동안 친구로 연결되는 예도 있다. 또 웃지 못할 에피소드도 있다. 어떤 나이 드신 분이 댓글을 달았기에 '좋아요'를 눌렀더니 자기를 좋아한다고 오해를 하셔서 무척 난감했던 적이 있었다. 그럴 때는 과감하게 친구 끊기를 한다. 그분과의 인연은 거기까지라고 느꼈기 때문이다.

[불교의 겁劫인연에 대하여]
1겁은 1000년에 한 방울 떨어지는 물방울로 큰 바위에 구멍을 내어 바위가 닳아 사라지는데 걸리는 시간이라고 한다. 억겁이나 영겁에 사용하는 그 겁이다.

불교는 전생에 500겁의 인연으로 옷깃을 스치고, 1000겁의 인연으로 한나라에 태어나고 2000겁의 인연으로 하루 동안 길을 동행하게 되며 3000겁의 인연으로 하룻밤을 한집에서 자게 된다고 한다. 또 4000겁은 한 민족으로 태어나고, 5000겁은 한동네에 태어나며, 6000겁은 하룻밤을 같이한다. 그리고 부부의 인연은 전생에서 7000겁의 인연이라고 한다. 부부보다 한 단계 더 진한 인연은 불교에서는 형제자매라고 한다. 같은 배를 타고 나오기 때문이다. 그래서 9000겁 정도 인연을 맺고 살게 되고, 일 만겁 정도가 되면 부모로 오게 된다. 그리고 스승과 제자의 사이로 오게 된다.

부모와 자식 간의 인연이나, 사제 간의 인연은 일만 겁 이상의 인연이니라. 이렇게 인과 경에 나온다. 더 나아가서 형제나 자매가 되고 스승과 제자가 된다. - 출처 : 불교의 겁(劫) 그리고 인연

좋은 인연이 되려면 나부터 좋은 사람이 되어야 하고 좋은 관계를 위해 노력을 많이 해야 한다.

장비릿지

푸른 숲을 비추는 햇살이 싱그럽다. 뿌리의 힘을 빨아들인 나무들의 초록이 깊어간다.

염초직벽을 타야한다. 경사가 90도다. 대장은 경험이 많아서인지 노련하다. 먼저 올라간 대장이 나무나 바위에 단단하게 묶은 자일을 일행들에게 내려준다. 나머지 우리 일행은 자일을 안전장치(하네스)에 묶어 8자 매듭을 한 후 한 사람씩 올라간다. 릿지는 바위에 손이 잡을 곳이 있어야 그 힘을 이용해서 위로 올라설 수 있다. 그런 곳을 슬랩이라고 한다. 당연히 팔 힘도 좋아야 한다.

두 발이 디딜 곳이 없을 때는 두 손을 얕게 튀어나온 바위틈을 잡고 버텨야 한다. 릿지화 바닥이 생고무라 미끄러지지 않지만, 그래도 발뒤꿈치에 힘을 주고 있어야 한다. 바닥이 생고무로 된 릿지화는 거칠한 직벽 바위 일 때도 버틸 힘을 준다. 자일이 안전장치에 매달려 있으므로 아래로 떨어지지는 않는다.

장비산행을 하는 사람은 대부분 몸이 가볍다. 경험이 부족한 등반자면 바위 위로 못 올라올 경우가 있는데 그때는 대장이 자일을 잡고 힘껏 끌어올려 주기도 한다. 한 사람의 낙오자가 없어야 다음 바위로 이동할 수 있기 때문이다. 팀은 항상 대장을 중심으로 하나가 되어야 한다.

장비릿지*의 장점은 장비를 이용해서 정상으로 올라갈 수 있다는 것이다. 바위 위에서도 자일을 이용해서 매달릴 수도 있다.

자일 두 동으로 산을 오르기 시작했다. 땀이 비 오듯 온몸을 적서온다. 장비산행은 장비들이 무거워 가방 자체가 무겁다. 가벼고 질이 좋은 외국 비싼 장비들은 국산보다 곱절이나 비싸다.

바위를 타다가 하강기를 아래로 떨어뜨렸다. 하강기가 없으면 높은 바위에서 내려갈 수가 없다. 당황스러웠다. 다행히 아는 동생이 하강기 두 개를 가지고 와서 내게 건네주었다. 무사히 내려올 수 있도록 도와준 그 동생이 천사로 보였다.

바위를 탈 때는 특히 장비를 떨어뜨리지 않도록 주의해야 한다. 바위에 떨어진 장비는 손상되었을 확률이 크기 때문에 안 쓰는 게 좋다. 만약 그 장비가 잘못되었을 경우 등반자의 생명과 직결될 수 있기 때문이다.

염초직벽 바위와 장군봉, 말바위, 책바위 등을 타고 장군봉을 하강하고 내려오니 저녁 6시였다. 장비산행은 한 명씩 올라가야 하므로 시간이 오래 걸린다. 그래서 10명 내외로 팀을 꾸린다.

내가 가장 좋아하는 산이 설악산과 북한산이다. 언제나 봐도 새롭고 계절에 따라 다양한 풍경으로 나를 설레게 한다.

뒤풀이하러 갔다. 쇠고기를 주문했다. 장비산행 후에는 근육 보충을 할 수 있는 단백질이 필수이다.

우리 팀은 오늘의 안전등반에 감사하는 축배의 잔을 함께 높이 들었다. 집으로 가려면 1시간 30분 운전하고 가야 한다.

산에 다녀오면 내 안에 보물이 가득 채워진 기분이다. 팀들과의 협동 정신과 나눔의 정도 배우고, 안내하고 땀 흘리면 높은 곳에 올라갈 수 있다는 성취욕도 느낀다. 그리고 바위와 바위 사이의 넓은 간격을 건너면서 전율을 즐긴다. 스트레스가 다 날아간다. 산은 변함없는 나의 스승이고, 산악인들은 나의 사랑하는 동지들이다.

*장비릿지 : 장비를 이용해서 바위를 타는 릿지.(헬멧, 퀵도르세트, 비너 여러개, 그리그리, 암벽화, 하네스, 등강기, 하강기, 자일…)

전국 남자 성향을 분석합니다

서울 근교로 이사 온 지 25년 차로 고향은 부산입니다.

경상도 남자, 충청도 남자, 강원도 남자, 서울 남자, 전라도 남자, 경기도 남자를 분석합니다.

경상도 남자

1. 내 남편은 집에 오면 정확하게 세 마디만 하던 사람이었다. 애들은? 밥은? 요즘은 "먼저 잘게"로 바뀌었다. 그런데 50대 후반이 된 남편은 여성 호르몬이 왕성한지 휴대전화에 꽃 사진을 올린다. 하루가 다르게 남편의 잔소리가 늘어간다. 자상하게 냉장고를 더듬는다. 아내인 내겐 거리 두기를 한다.

2. 집안일을 잘 도와주지 않는다.(남편은 숟가락, 젓가락 다 놓아줘야 식사를 한다. 요즘은 진화하여, 라면 정도는 스스로 끓여 먹는다.)

3. 댓글을 쓰더라도 친절을 가장하여 잘 보이려 하지 않는다. 남성 우월정신이 강하다.

4. 웃음에 인색하다. 친분을 튼 지 상당한 시간이 흘러야 조금씩 웃기 시작한다.

5. 술 마시면 끝까지 남아주는 게 의리라고 생각한다. 술 마시는 핑계도 가지가지다.

6. 의리는 있다.(아내가 아프면 죽도록 충성한다.)

충청도 남자

1. 속으로 우물우물해서 무슨 말인지 잘 모를 때가 많다. 말이 느리다.(머릿속으로 계산을 하므로 느리게 보일 뿐이라고 충청도 사람이 귀띔해 주었다.)
2. 자기 생각을 절대로 상대가 알아차리지 못하게 한다.
3. 착하고 느긋느긋한 스타일이다. 예를 들면 돌 내려가유~ 하면 이미 상대는 굴러온 돌에 부상을 입은 후다.
4. 온라인에 가장 늦게 댓글을 다는 경향이 있다.(달까, 말까 궁리하다가 지난 게시물에 댓글을 쓰고 있음.)

전라도 남자

1. 일베가 단 한 명도 없다.
2. 개방적 사고에 순둥순둥하다.
3. 생활력이 강하다.
4. 술 모임에서 가장 먼저 집으로 갈 정도로 가정적이다.
5. 모든 여자에게 다 친절한 편이다. 산에 가면 친절한 남자 대부분은 서울 남자거나 전라도 남자이다.
6. 자기주장을 절대 굽히지 않으려는 성향이 있다.

강원도 남자

1. 패션에 둔감한 편이다.
2. 착한 편이라는 것은 부정하지 못한다.
3. 강원도 말을 쓰지 않으려는 노력이 지나쳐서 오히려 강원도 사람이라는 것을 알 수 있다.
4. 보수적인 측면이 많다.

서울 남자

1. 가장 가정적이며 여자들에게 자상하다.
2. 친절하고 기분 좋은 댓글일수록 서울 남자가 쓴 게 대부분이다.
3. 손익 계산을 잘한다.
4. 전라도 남자들처럼 가장 먼저 술자리에서 일어나 집으로 돌아간다. 일탈을 해도 집으로 가는 길을 잃지 않는다.
5. 정보력이 빨라 재테크에 능통하다.
6. 싸움인지 아닌지 구별이 안 된다. 서울말은 톤이 일정해서 싸움해도 높낮이가 없다. 싸움 상대가 지쳐서 나가떨어진다.(주로 경상도 남자와 서울 남자와 싸움을 하면 말싸움은 일단 경상도 남자가 진다. 몸싸움은 서울 남자가 진다. 운동선수는 제외.)
7. 친절이 몸이 배어서 아부도 잘한다.(서울 남자들은 승진이 빠

른 편이다.)

8. 아내와 자식들에게 자상하고 표준어를 사용한다.

경기도 남자

1. 경기도는 전국구이다.(서울, 전라도, 경상도, 충청도가 혼재해 있다.)

2. 전국구이기 때문에 술 마시면 새벽까지 있는 예도 있고, 일찍 가는 이도 있다.

3. 돈을 잘 쓰지 않으려는 경향이 있다.(산에 가면 한턱 내는 사람은 지방 출신들이다.)

4. 불교보다 기독교인이 많다.

5. 가정적이면서도 놀 때 확실하게 노는 사람들이 많다.

6. 대범함과 소심함을 동시에 가지고 있다.(전국구라서 그런 것 같다.)

7. 아내에게 충실하다.

*이상 전국 남자들의 성향을 분석해 봤습니다. 과학적이지는 않지만, 제 경험과 지인들의 의견을 충분히 반영한 조사 결과라는 것을 밝힙니다.

중년의 나이트클럽 문화

한 달에 한 번 학부모 모임에서 만난 우리 다섯 명은 친구가 되었다. 초등학생이었던 아이들이 벌써 대학생이 되었으니 모임을 한 지 꽤 긴 시간이 흘렀다. 서로 언니, 동생 부르며 집에 숟가락 개수까지 알 정도로 친해졌다.

연말이 다가오자 우리는 이번 송년회는 특별한 추억을 만들어보자고 의기투합했다. 가장 나이가 많은 K언니가 나이트클럽 어떠냐고 물었고, 우리는 서로의 눈치를 살피며 고개를 끄덕거렸다. 나는 결혼 후 한 번도 가 보지 않는 나이트클럽이라 걱정이 앞섰다. 하지만 우리끼리 재밌게 놀다 오면 괜찮을 것이라고 생각했다.

나는 운동으로 방송 댄스를 할 만큼 춤추는 것을 좋아한다. 땀을 흠뻑 흘려가며 한바탕 춤을 추면 스트레스가 싹 풀리는 것 같아 굳이 나이트클럽에 갈 이유가 없었다. 직장 다닐 때는 회식 끝나고 직원들과 한두 번 정도 간 적이 있었다. 그때 간 나이트클럽에서 러시아 무희들의 공연을 봤던 기억이 난다.

우리 일행은 동네 나이트클럽에 갔다. 저녁 9시부터 입장할 수 있는데 사람들이 8시부터 줄을 서 있었다. 클럽에 빨리 들어가면 좋은 일이 있을까? 의아한 생각이 들었다. 30분 정도 기다리니 입장을 시키는 직원들이 우리를 아래위로 훑어보았다.

웨이터로 보이는 젊은 남자가 우리를 향해"화끈하게 모시겠습니다."라고 했다. 우리는 키득거리며 안으로 들어갔다. 어두컴컴한 홀 안에 화려한 조명만 여기저기서 번쩍거렸다. 여자들은 기본 맥주에 안주가 곁 따라 나왔다. 우리는 웨이터들이 정해준 자리에 앉았다. 10분 정도 있으니 웨이터가 와서 양주방으로 세 분이 갔으면 좋겠다고 했다. 다섯 명 중에 세 명만 선택된 것이다. 우리는 단칼에 거절했다. 웨이터가 고개를 끄떡이며 가더니 조금 후 다시 네 명이 필요하다고 왔다. K언니가 자신만 빼고 네 명은 다녀오라고 등을 떠밀었다. 얼떨결에 우리 넷은 웨이터를 따라갔다. 어두운 복도를 지나 웨이터가 안내해준 방으로 들어갔다. 깔끔한 정장 차림의 남자 네 명이 기다리고 있었다. 순간, 나는 이게 무슨 짓인지 이해가 되지 않았다. 내가 웨이터에게 물었다.

"이게 뭔가요?"

"부킹입니다. 여성분들끼리 놀면 심심하니 남성분들과 함께 노래 부르면서 노시면 남자분들이 양주를 사시는 겁니다."

남자들을 쭉 훑어보니 흰 와이셔츠 차림에 반듯한 외모가 회사원일 것 같은 느낌이었다. 일단 한번 앉아 보기로 했다. 부킹이 궁금하기도 했다.

남자들 네 명은 앉아서 자기를 소개했다. 내가 생각했던 것과 다르게 그들은 직업이 고위직이었다. 그런데 자세하게는 말하지 않았다. 거기까지만 알고 계시고 나중에 친해지면 자세하게 알려주겠다고 했다. 그들은 짝짓기를 하자고 했다. 새들도 아니고, 무슨 짝짓기를 하냐고, 그냥 노래나 부르고 놀자고 하니, 짝을 지어서 놀면 더 재밌다고 했다. 술도 못 마시는데 괜히 끼었다는 생각에 나는 슬그머니 문을 열고 나오면서 '실례했습니다.'라고 말하고 빠져나왔다. 술을 좋아하는 이들이 놀 장소인 듯

싶었다. 그런데 나 말고 술을 안 좋아하는 동생 한 명은 나오지를 않았다. 할 수 없이 홀로 있는 K언니 옆에 앉았다.

"왜 같이 놀지 않고."

"모르는 남자들하고 내가 왜 놀아?"

"바보야 그런 게 바로 부킹이야."

"부킹은 무슨 내가 술집 여자도 아닌데 그들과 놀 이유가 없지."

"우리 스테이지에서 춤 좀 추고 조금 있다가 가자. 여긴 너무 시끄러워."

"동생들은 안 나오네. 나올 줄 알았는데, 얌전해 보이더구먼, 의외네."

"그러게. 우리보다 젊잖아. 우린 처음이지만, 걔들은 몇 번 온 것 같아."

K언니의 말을 듣고 고개를 끄떡거렸다. K언니와 나는 스테이지로 나가서 춤을 췄다. 남자들은 언니와 나를 향하여 슬금슬금 다가왔다. 노골적으로 들이대는 그들 때문에 소름이 돋았다. 할 수 없이 우리가 앉았던 테이블로 돌아왔다. 한참을 기다려도 동생들은 오지 않았다. 그런데 웨이터는 계속 부킹 하라고 끈질기게 밀어붙였다. 나이트클럽 음악 소리는 귀를 때리듯이 시끄러웠다. 운동할 때 댄스음악 소리와는 다르게 귀를 얼얼하게 하는 소음공해였다. 언니와 나는 할 수 없이 나이트클럽을 나왔다.

밖으로 나와 밤바람을 맞으니 살 것 같았다. 신나게 춤도 추

고, 공연도 볼 줄 알고 기대하고 온 나이트클럽이었는데 실망이
컸다. 요즘의 나이트클럽은 오직 부킹만을 목표로 하는 장소
같았다.

바깥에서 한참 동안 동생들을 기다려도 나올 생각을 하지 않
았다. K언니와 나는 택시를 타고 집으로 돌아왔다. 그 다음날
동생들을 만났다. 동생들은 네 명 남자들의 직업을 확실하게
아는 것 같은데 우리에게 말해주지 않았다. 앞으로 그들과 친
하게 지내기로 했다고만 말해주었다. 동생들은 그 남자들과 양
주 3병을 마시며 노래 부르고 신나게 놀다 집으로 돌아왔다고
한다. 연락처도 교환했다는 말을 듣는 순간, 나는 갑자기 눈앞
이 캄캄해졌다. 모르는 남자들과 왜 연락처를 교환했는지 알
수가 없었다.

중년들을 위한 나이트클럽이 일탈을 조장하는 곳이 아니라,
스트레스를 풀고 품위와 격식을 갖춘 건전한 사교 장소로 거듭
났으면 좋겠다.

중독

나는 옷 욕심이 많다. 결혼 전에는 예쁜 옷으로 멋 좀 부리고 다녔다. 결혼해서 아이들 키우고 살림하면서 군살이 붙으니 옷차림에 신경을 쓰지 않았다. 나를 돌보지 않고 가정에 헌신한 나를 남편이 존중해줄 줄 알았는데 남자란 그렇지 않다는 걸 느꼈다. 아이들이 유치원을 다녔을 무렵 우리 가족은 바다로 여름휴가를 떠났다.

온종일 신나게 뛰어다녔던 아이들은 저녁을 먹자마자 잠에 곯아떨어졌다. 짐 정리를 마치고 TV를 보다가 잠자리에 들려는데 갑자기 남편이 내게 통닭을 사 오라고 했다. 시간을 보니 11시였다. 나는 선뜻 응하기가 어려워 남편에게 물었다.

"가게가 꽤 멀던데, 이 시간에 여자 혼자 바닷길을 걸으면 위험하잖아?"

"괜찮아. 너는 여자로 보이지 않아."

생각지도 않는 남편의 말에 뜨거운 물을 끼얹은 것처럼 얼굴이 달아올랐다. 남편에게 나는 여자가 아니었다. 단지 밥하고 빨래하고 아이들 키워주는 가정부에 지나지 않는다는 사실을 깨달았다.

"뭐! 당신이 어떻게 그렇게 말할 수 있어? 회사일 때문에 당신 힘들까 봐 나 혼자 아이들 키우고 박봉 아껴가며 악착같이 살아온 나를 이렇게 무시할 수 있어?"

나는 너무 억울한 나머지 심장이 아팠다. 창문을 활짝 열어젖혔다. 바닷가의 매서운 바람이 방안으로 들이쳤다. 남편은 아무 말도 하지 않았다. 휴가는 이걸로 끝이었다. 분노와 함께 수

치심이 몰려왔다. 나는 자는 애들을 깨웠다. 나를 존중해주지 않는 남편과 한시도 같이 있고 싶지 않았다.

  그 다음날 나에 대해서 곰곰이 생각해보았다. 내가 인생을 잘 못 살았다는 걸 느꼈다. 헌신하면 헌신짝 된다는 옛말이 하나도 틀리지 않았다. 그동안 아내로, 엄마로 최선을 다하며 살았다. 내 몸이 피곤해도 불평 한마디 하지 않았다. 배려가 몸에 밴 사람처럼 양보하며 살았다. 하지만, 남편은 그걸 고마워하는 게 아니라 당연한 듯이 받아들이고 있었다.

  다이어트 회사에 전화를 걸어 상담했다. 10kg를 감량하는데 백오십만 원이란 거금이 들었다. 한 푼이라도 아껴서 저금하려고 했던 마음이 눈곱만큼도 남아 있지 않은데 백오십만 원 은 돈도 아니었다. 일시금으로 지급하고 살을 빼는 프로그램을 시작했다. 다이어트 코디는 아침, 점심, 저녁, 내가 뭘 먹는지 점검했다. 밥은 반 공기만 먹으라고 했다. 밥 먹을 때마다 전화가 오니 짜증이 났다. 중간에 관둘까 하다가 남편의 치욕스러운 말이 귓전을 맴돌았다. 밥 먹던 숟가락을 다시 내려놓았다. 다이어트는 생각보다 힘들었다. 밥을 적게 먹으니 힘이 없어서 소파에 널브러지기 일쑤였다. 그래서 운동을 병행했다. 그동안 밥을 적게 먹었더니 위가 작아져서 살을 빼기가 편해졌다.

  한 달 만에 5kg가 감량되었고, 3개월이 될 때 10kg가 감량되어 날씬한 몸매로 돌아왔다. 남편이 내게 대하는 모습이 달라졌다. 저녁 7시쯤 내가 재활용을 버리러 바깥으로 나가려고 하

면 안 된다며 본인이 하겠다고 나섰다. 남자란… 나는 혀를 찼
다.

여자는 가정에 헌신하면 그게 전부인 줄 알았는데 내 생각이
잘못이었다. 부부란 서로 열심히 살면서 자기 자신을 꾸며야
하는 존재라는 걸 나이가 더 들고 나서 깨달았다.

요즘 나는 과거와는 다르게 자기 자신을 많이 가꾸고 산다.
인문학 강좌도 듣고 운동도 하면서 건강을 챙긴다. 그리고 한
번씩 피부과에 가기도 한다. 그곳엔 젊은이들이 면접에 좋은 인
상을 남기기 위해 피부 관리를 받고, 중년 남녀는 젊어 보이고
싶고 또 자신감을 회복하기 위해 피부과를 찾는다. 시대가 달
라지니 거기에 맞게 살아가야 하는 것이 진리이다. 내가 살이
쪘을 때 남편의 심정을 현재 내가 느끼고 있다. 살이 빠지고 난
후 옷을 차려입으면 사람들이 예쁘다고 어디서 샀냐고 묻곤 한
다. 나도 모르는 사이에 우쭐해진다. 계속 다른 옷으로 몸매를
돋보이게 하고 싶었다.

현재 나는 쇼핑 중독자다. 그러나 현명한 쇼핑은 필수다. 나
는 옷은 저렴하면서 디자인이 유행의 첨단을 달리는 해외쇼핑
몰을 이용한다. 그런데 해외쇼핑몰은 반품이 쉽지 않다. 옷은
돌려주지 못하고 환불만 받은 적이 있었다. 환불을 받을 때 좀
까다롭긴 했지만 작아서 못 입는다고 하면 무조건 수긍한다.
그러나 배송이 늦으면 한 달을 넘길 때도 있어 성질 급한 사람
은 이용을 권하지 않는다.

옷을 잘 입으니 얼굴도 예뻐 보인다고 한다. 색깔 매치를 잘하면 옷을 잘 입는 것처럼 보이기 때문이다. 색깔 감각도 있고 옷도 좋아해서 한때 옷 장사를 해 볼까 생각해봤다. 그러나 장사는 경제적 안목과 타고난 소질이 있어야 할 것 같아 포기하였다.

나는 이웃 돕기 행사 때마다 옷을 많이 내놓는다. 새것이 대부분이다. 사람들이 예쁘다고 집었다가 치수가 작아 못 입는다고 아쉬워한다.

예전에는 운동중독과 쇼핑중독이었는데 지금은 글중독, 등산 중독까지 더해졌다. 중독되는 것은 마음 한편이 비어 있다는 방증이다. 사람은 뭔가 채워야만 완벽하다고 생각하는 심리가 있다. 그 중독이 인생을 즐겁게 하면 가끔 빠져도 좋을 것 같다. 하지만 도박이나, 알코올 중독, 마약 중독 등 건전하지 못한 것에 빠져 허우적거리는 건 가정과 사회에 치명적인 해를 끼친다.

내가 빠진 중독도 과도한 지출은 문제가 될 수도 있다. 그러나 현명한 중독은 행복을 찾을 수 있는 돌파구이기도 하다. 내 옷만 사면 미안해서 남편 옷도 사 준다. 남편의 치수는 맞추기가 힘들다. 어깨에 맞춰야 할지 배에 맞춰야 할지 늘 딜레마다. 어깨에 맞추면 배가 드러나고, 배에 맞추면 어깨가 헐렁하다. 이런 체형을 가지면 옷을 사기가 힘들어 가끔 백화점에 가서 직접 남편에게 입을 입혀보고 산다. 남편의 옷을 코디해주면 당신 덕분에 멋쟁이가 되었다며 뿌듯해한다.

옷은 그 사람의 인격이다. 누가 시키지 않는데도 격식을 차려서 입고 오면 그 사람이 뭔가 특별해 보인다. 오늘도 나는 그 품격을 채우기 위해 글중독, 쇼핑중독, 등산중독에 빠져든다.

부처님 말씀에는 중독은 죄가 아니라 마음의 목마름일 뿐이라고 했다.

사랑은 용기다

카페에서 글을 쓰고 있는데 다정하게 얘기를 하는 중년 연인의 소리가 들린다. 과연 저들은 부부일까? 불륜일까! 라는 생각이 들면서 그들의 대화 내용에 신경을 곤두세웠다. 이번 주에는 어디로 여행 갈까? 라는 내용으로 보아 불륜 남녀거나 이혼남녀 같기도 한데 더는 그들의 음성이 들려오지 않았다. 그들을 쳐다보니 옆으로 붙어 앉아 귓속말로 속삭이고 있었다.

나는 40대까지는 이혼과 불륜에 대해 무척 완고한 편이었다. 한번 결혼했으면 주례 말처럼 검은 머리가 흰머리가 될 때까지 살아야 한다고 생각했다.

중년이 되니 남의 사생활에 간섭하기가 싫어졌다. 내 삶도 완벽하지 못한데 남에게 감 놔라 배 놔라 할 자격이 있을까. 이혼하는 사람들은 그 결정을 할 때까지 많은 고민을 했을 것이고, 불륜 행위는 이혼은 못 하지만 사랑이 간절해서 아닐까. 나 자신의 잣대로 그들의 옳고 그름을 판단하고 싶지가 않았다. 사람마다 생각이 다르고 그만큼 사연도 다양할 테니 말이다.

다만, 사랑하면 책임감을 느꼈으면 좋겠다. 예수님과 부처님은 참된 사랑은 자기희생으로부터 온다는 것을 스스로 보여주었다. 그런데 우리는 과연 그런 사랑을 어느 정도 실천하고 있을까. 산행하면서 가끔 불륜으로 발전한 커플을 보곤 한다. 길어봤자 1년, 2년이면 그들의 관계는 끝장이 난다. 무성한 소문만 남기고 산악회를 떠날 수밖에 없다.

산악회든 동창회든 골프회든 사람들이 모이는 곳은 어디서나 마찬가지다. 그건 사랑이 아니라 서로 즐기는 유희밖에 되지 않는다. 아름답고 진실한 사랑이어야 이별할 때 뒷모습이 이쁘고, 오래도록 기억에 남고 추억이 된다.

사랑에는 4가지 종류가 있다. **아가페적인 사랑**은 조건 없이 상대방을 존중하고 사랑하는 것이다. **에로스적인 사랑**은 육체적 매력과 욕망을 바탕으로 한 강렬한 사랑이다. 상대방에게 강한 끌림과 애정을 느끼는 동시에 서로를 소유하고 싶어 하는 욕구를 동반한다. **필리아 사랑**은 친구나 동료 간의 깊은 우정과 연대감을 의미한다. 상호·이해와 지지를 한다. **플라토닉 사랑**은 육체적인 욕구보다는 정신적인 교감과 이해를 강조한다. 상대의 외모나 성격보다는 영혼의 아름다움과 지성에 매료되어 그 사람과 정신적인 교류를 추구하는 것이다. 주로 종교적인 색채를 띠기도 한다.

결혼을 하려면 4가지 사랑의 조건을 채우기 위해 노력해야 한다. 그렇지 않으면 경제적 문제나 불신, 성격 차이 등 위기가 닥치면 내 탓, 네 탓, 모두의 탓으로 돌리며 이혼을 선택한다. 그런데 한 번의 실패로 사랑을 포기하는 경우가 많다. 그들은 사랑에 대해 두려움을 느낀다. 하지만, 그건 사랑에 대해 용기가 없는 사람의 행동이다. 나의 오빠도 첫 결혼에 실패했으나 재혼을 해서 무척 행복하게 살고 있다. 서로 맞는 사람이 있다는 걸 느낀다. 사랑은 용기다. 용기 없는 사람은 다시 사랑을 얻지 못한다. 원래 사람은 완벽하지 않다. 행복이 무엇보다 중요하다. 100세 시대, 누구나 행복할 권리가 있지 않은가.

옷을 좋아하는 나는 옷집에 자주 간다. 유행 흐름을 알고 싶어 하기도 하고, 다양한 옷을 구경하면 기분이 상쾌해진다. 하루는 옷을 구경하고 있는데 충청도 할머니 두 분이 가게로 들어왔다. 할머니 한 분이 첫 번째 결혼은 남편이 도박해서 10년을 살다가 개과천선에 실패해서 이혼했고, 두 번째는 남편이 주먹을 휘둘러서 3년 만에 이혼했고, 세 번째 남편은 불륜 행위를 저질러서 헤어졌다고 한다. 상대방 여성분이 또 결혼할 거냐고 물었다. 할머니는 혼자 사는 것보다는 그래도 옆에 누군가 있는 게 좋은 것 같다고 괜찮은 남자 있으면 네 번째 결혼을 해 보려고 한다고 대답했다. 나는 옷을 고르면서 혼자 피식 웃었다. 충청도 할머니들끼리 하는 대화가 재밌었다. 다시 결혼하겠다는 할머니 얼굴에는 주름이 작은 골목의 도로처럼 움푹 패어 있었고 머리는 눈송이처럼 쌓여 상고대를 이루었다. 그래도 아직 사랑에 대한 희망을 놓지 않는 할머니 마음이 위대하게 보였다.

결혼은 행복한 일만 있지는 않다. 견딜 수 있으면 사는 거고, 견딜 수 없으면 이혼하는 것이다. 도전을 멈추지 않겠다는 70대 할머니의 사랑에 나는 박수를 보내고 싶다.

사랑보다 아름다운 건 없다.

붉은 속울음

아침은 언제나 희망으로 시작한다. 병실 창문 사이로 햇살이 쏟아져 내린다. 엘리베이터에서 식판을 실은 수레가 '드르륵' 내려오는 소리가 들려온다. 요양보호사들은 식판을 들고 빠른 걸음으로 병실을 돌고 있다. 구수하고 향긋한 음식 냄새와 함께 요양보호사들이 걸음이 바빠진다. 식탁을 들고 활짝 웃는 얼굴로 환자 이름을 부르며 병실로 들어선다.

턱받이를 한 환자들은 침대에 붙은 식탁을 펴고 보호사에게 받은 식판을 놓는다. 밥을 먹는 환자도 있고 죽을 먹는 환자도 있다. 나도 숟가락에 밥과 반찬을 얹어 엄마 입으로 넣어드린다. 엄마는 기분이 좋은지 웃음꽃에 매달린 주름이 더욱더 선명해진다. 연로한 엄마는 위가 작아졌는지 겨우 다섯 숟가락 정도 드시고 손사래를 친다. 가죽만 붙어있는 엄마의 등을 살살 문질러준다. 엄마가 트림한다. 그동안 얹힌 것을 다 게워내는 것처럼 내 속이 시원해진다.

엄마를 화장실로 모시고 간다. 엄마가 양치질하는 동안 나는 침대를 정리한다. 치매 증상이 있는 엄마는 침대 구석구석 화장지를 숨겨두곤 한다. 남이 조금이라도 가져가려고 하면 평상시 얌전하던 엄마는 빼앗기지 않으려 싸움도 마다하지 않는다. 그렇게 모아둔 화장지를 자식들이 오면 한 롤씩 주신다. 나는 침대에 숨겨둔 화장지를 다 끄집어내 엄마의 마음과 함께 상자에 담는다.

양치를 끝낸 엄마가 침대에 눕더니 베게 밑을 더듬는다. 엄마 눈이 차츰 커지더니 벌떡 일어나 화장지를 찾는다. 나는 화장지가 가득 담긴 상자를 엄마에게 보인다. 엄마의 사랑이 도망가지 못하게 유리 테이프로 붙이고, 엄마 손이 닿는 곳에 놓는다. 그제야 엄마의 얼굴이 환해진다. 다른 날처럼 보호자 접견실에서 밤을 보내려는데 엄마가 나의 손을 잡는다. 이제 내 몸이 쪼그라들어 1인용 침대도 내게 넓으니 같이 자자고 한다. 종이처럼 얄팍한 엄마를 안아 침대에 눕히고 나도 그 옆에 눕는다. 그때였다. 적막을 타고 어디선가 날카로운 소리가 들려왔다.

"엄마!"

가슴에 맺힌 한이 더는 참을 수 없어 터져 나오는 울부짖음이었다. 밤새 천정을 타고 병실을 퍼져나갔다. 엄마에게 누구냐고 물으니 옆 호실에 있는 치매 할머니라고 한다. 그녀는 보육원에서 자랐는데 엄마 얼굴을 본 적이 없다고 했다. 꿈에 치매 할머니 엄마가 나타나면 헤어지지 않으려고 그 할머니 엄마를 큰소리로 부른다고 했다. 나는 엄마도 환자인데 밤마다 고함을 지르면 엄마가 힘들어서 안 되는데, 나는 고개를 절레절레 흔들었다.

"엄마도 나중에 치매가 심하게 오면 저렇게 될 줄 누가 아냐? 그냥 내버려 둬라. 불쌍하다."

동병상련(同炳相憐)이랄까. 그 마음을 알기에 엄마를 안고 토닥거린다. 조금만 참으면 된다는 엄마가 안쓰러워 참외를 깎아 엄마의 입에 넣어주었다. 참외를 먹던 엄마가 치매 할머니 드리게 참외를 한 개 더 깎으라고 한다. 엄마를 모시고 옆방으로 간

다. 어젯밤 큰소리로 울부짖던 '그 할머니가 맞나?'라는 생각이
들 정도로 곱상한 할머니가 성경책을 보고 있다.

"야야 어제는 왜 그렇게 시부러 쌓노? 엄마가 꿈에 나타났더
나?"

"죄송합니더 형님요."

엄마는 할머니의 손을 꼭 잡는다.

"이제 엄마 잡지 마라. 보내줘야지 각자 갈 길이 다르지 않냐"

엄마가 참외 접시를 탁자 위에 올려놓는다. 할머니가 보던 성
경책 위로 눈물이 떨어져 글자가 번져 보인다.

나는 고민 끝에 간호사실에 가서 치매 할머니가 밤에 잠을 잘
주무시게 해 달라고 부탁한다. 의사 처방을 받은 할머니는 밤
에 소리를 지르지 않는다. 나중에 엄마는 치매 할머니 베개가
눈물로 가득 적셔있었다고 말해주었다.

할머니 가족들이 병문안을 온 적이 있었다. 나는 할머니 딸에
게 할머니가 밤마다 엄마를 찾아 운다고 말해주었다. 딸은 눈
물을 흘리며 자식들을 위해 평생을 헌신하고 노력했는데 사는
게 바빠 자주 찾아오지 못했다며 엄마를 너무 외롭게 했다고
한다.

그 뒤로 할머니 병실에는 일주일에 두 번씩 딸과 손녀들이 찾
아와 자고 간다. 그 이후 할머니는 눈물도 흘리지 않고 약을 먹
지 않아도 잘 주무신다. 가족들과 자주 만나는 할머니는 들꽃
보다 외로움을 타지 않고 활기차 보였다. 내가 서울로 올라가고

나면 엄마도 나를 그렇게 찾을까 걱정이 된다. 엄마도 나도 할머니처럼 속울음을 울지만, 아무도 내색하지 않는다.

나는 3주 정도 엄마 옆에 머물다 서울로 올라가곤 한다. 짐을 챙기는 내게 엄마는 침대 밑에서 지갑을 꺼내더니 꼬깃꼬깃한 지폐를 하나씩 세어준다. 기차표를 사라는 돈이다. 개수는 비슷하지만, 금액은 그때그때 다르다. 나는 고맙다고 엄마에게 포옹하며 여행 가방을 끌고 병실 복도를 걸어간다.

엄마는 지팡이를 짚고 엘리베이터 문까지 배웅을 나온다. 엘리베이터 문이 닫힐 때까지 엄마는 지팡이에 몸을 기대어 한 손을 흔든다. 이슬을 머금은 엄마의 눈빛이 전등불에 반짝거린다. 지팡이에 기대어 있는 엄마의 모습이 나무에 아슬아슬하게 매달려있는 낙엽 같다. 오늘따라 가방이 내 마음처럼 무겁다. 나의 그림자가 길게 드리운다. 뒤를 돌아보니, 노을이 나뭇가지 사이에 걸쳐있다. 노을이 속울음처럼 붉다.

〈선수필 신인상 수상작품〉

내비게이션 말을 들어야지

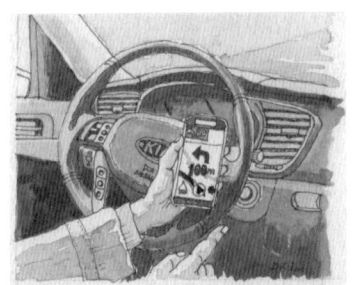

어둠이 차의 앞 유리창을 약간 비칠 때 우리 부부는 차 안에서 말싸움을 하고 있었다. 싸움의 발단은 나의 운전 실력이다. 편안한 길을 선호하는 나에 대해 남편이 잔소리를 하고 있었다.

"왜! 자꾸 내비게이션 말을 안 듣는 거야?"

남편은 나를 쳐다보며 얼굴을 찡그렸다.

"내가 아는 길이라 내비게이션 말을 안 듣고 가고 싶어."

나는 대수롭지 않게 대답을 툭 던지며, 앞 유리창만 바라보고 운전을 하고 있었다.

"당신은 내 말도 잘 안 듣더니 내비게이션 말도 안 듣네. 대체 누구 말을 들을래?"

남편은 화가 머리끝까지 치민 모양이다. 팔짱을 낀 채 다리를 팔자로 꼬고 잔소리하는 모양이 흡사 뱀이 똬리를 트고 있는 것처럼 보였다.

"내비게이션은 당신이 아는 길이 막히니까 다른 길을 가르쳐 주는 건데 지금 두 시간 동안 운전하는데 힘들지 않아? 빨리 집에 가야지."

우리 부부는 파주에서 오빠의 49재를 마치고 집으로 돌아오는 길이었다.

"아는 길이 좋아. 모르는 길은 약간 긴장이 되어 싫어! 아는 길을 가면서 음악 듣는 게 좋아."

"당신 즐기자고 나는 늦게 집에 가나?"

"그럼 자!"

"자라고? 넌 음악 듣고 핸들 위에 손가락 두드릴 때 나는 오금이 저린다."

"왜?"

"당신이 사고 낼까 봐."

"가만히 생각해 봐. 당신이 사고를 많이 냈어? 내가 많이 냈어?"

조용히 듣고 있던 남편 따리를 다시 옭아맨다. 운전 실력은 남편에게 못 미치지만, 남편은 운전하다가 뒤차가 남편차를 부딪치는 바람에 폐차를 시킨 적도 있다.

"폐차는 내 잘못이 아니잖아?"

"거리 유지는 했어야지. 운전의 기본 아니야?"

속말로 되뇌었다. '뒤에 차가 앞에 있는 남편차를 부딪쳤는데 어떻게 피하나!' 이치에 맞지 않는 논리로 남편에게 말을 하면서 혼자 웃고 있었다.

남편은 비스듬히 누워있더니 화가 났는지 허리를 바로 세웠다.

"길 가는 사람들에게 물어봐라. 뒤에서 부딪쳤는데 내 잘못인가?"

나는 다시 실실 남편의 약을 올리기 시작했다.

"운이 나빴으니 당신이 그런 일을 당했지! 당신 책임도 있다고 봐."

헐! 이 뭔 궤변인가? 고속도로에서 차가 폐차될 정도로 사고가 크게 났는데 남편이 안 다친 건 행운이었다.

"당신 마음대로 운전하고 나 집에나 데려다줘!"

남편은 돌다리도 두드리며 운전을 하는 편이라 상대 차에 의해 일방적으로 어쩔 수 없이 사고가 나는 경우이고, 나는 주차를 하다가 벽을 긁는 자잘한 사고가 대부분이었다. 남편은 내가 운전하는 차를 타면 불안한 탓인지 쉼 없이 잔소리를 해댄다. 내가 운전 배울 때 전혀 도움도 주지 않는 남편이고, 본인 차도 한번 빌려주지 않는 사람이라 얄미워 한 대 때리고 싶었지만, 그길 꾹꾹 누르며 노래를 흥얼거렸다.

나는 고속도로를 타고 가다가 목적지가 나오면 중간에서 들어가는 편이고, 남편은 뒤에서부터 천천히 앞차를 따라가라고 한다. 나는 빨리 가려고 그러고, 남편은 안전하게 가라고 코치를 한다. 시간이 촉박할 때는 어쩔 수가 없다. 차의 꽁무니를 따라 들어갈 때 표지판도 보이지 않는데 들어가라고 하면 짜증이 난다.

나는 운전도 될 수 있으면 즐겁게 하자는 주의이고, 남편은 앞차만 보며 해야 한다고 말한다. 남편 말이 다 맞지만, 차의 도로 환경에 따라 운전은 달라져야 한다고 생각한다. 내가 운전하는 게 마음에 들지 않으면 본인이 운전하든가 해야지! 운전도 하지 않으면서 잔소리만 해대니 스트레스를 받는다.

차가 가고 있는데 남편이 갑자기 '어어! 안 되는데' 소리를 지르면 나는 운전을 하다가 놀래서 사고가 날 뻔했다.

"운전은 내 마음대로 할 테니 그냥 내버려둬."

남편은 집에 올 때까지 잔소리를 하더니 집에 도착하니 차에서 내리면서도 기분 나쁜 말을 했다.

"어휴, 죽을 뻔했다."

내가 눈을 흘기니 아파트 출입문을 열고 집으로 들어가 버린다. 파주에서부터 경기도 광주까지 꼬박 3시간 동안 남편의 잔소리까지 들으면서 운전을 했더니 피곤하기도 하고 짜증이 났다. 그렇게 마음에 안 들면 대신 운전을 해주면 될 텐데 말이다.

누군가 부부는 함께 다니면 싸운다더니 그 말이 맞는 것 같다. 운전을 남편에게 절대 배우지 말라는 말도 맞는 것 같고, 처음에는 사랑해서 결혼했는데 살다 보니 서로 편해서 그런가? 말을 함부로 하고 경청을 하지 않는다. 자기 의견만 옳다고 내세우니 얼굴만 붉히는 것 같다. 만약 내가 운전할 때 남편이 다정하게 예쁘게 말했으면 나는 어땠을까? 하는 생각이 들었다.

"여보! 피곤하겠지만, 내비게이션이 가란 대로 가면 조금 더 빨리 갈 텐데, 당신 운전하는 것 많이 피곤할 텐데 그렇게 하지 않을래?"

상대방에게 이렇게 묻는다면 나는 어떤 반응을 보였을까? 그런 말을 쓰는 남편에게 나는 "안돼!" 이러진 않았을 것 같다.

김창옥 교수가 모국어를 잘하는 남편들이 아내에게도 잘하고 자식들에게도 자상하다고 한다. 그리고 그 가족은 행복지수가 높다고 했다. 아빠가 엄마에게도 말을 예쁘게 하고, 자식들에게 칭찬하니 그 가족은 싸울 일이 없는 것이 당연하다.

남편과 나는 언제쯤 서로의 말을 잘 듣고 따라주는 내비게이션이 될 수 있을까!

내비게이션은 발음도 좋고 상냥하고 나긋나긋한 목소리에 친절하기까지 하다. 내비게이션 말을 잘 들어야 한다. 아무리 급해도 서두르지 않고 가장 좋은 길을 가르쳐 준다.

등산인의 옷과 가방

10년 전 갑자기 허리가 끊어질 듯 아파 걷지를 못한 적이 있었다. 119를 불러 대학병원 응급실로 갔다. 링거를 맞으니 살 것 같았다. CT와 MRI 검사 결과 디스크란 진단을 받았다. 수술하기에는 모호하니 신경성형술을 하자며 일단 입원부터 하라고 했다. 2박 3일 입원 기간 링거를 맞아서 그런지 걸을 수 있었다.

신경성형술은 시술이라고 하는 비수술적 치료법이었다. 30분이 걸린다는 시술은 1시간 30분이 걸렸다. 시술받고 나서 그다음 날 퇴원을 했다. 시술인데도 수술을 한 사람처럼 몸이 휘청거리고 힘이 없었다.

일주일 뒤에 내원했더니 의사 선생님은 앞으로 허리 강화훈련을 해야 한다고 했다. 많이 걸으라면서 특히 등산을 권유했다.

몸이 회복되고 한 달 뒤 나는 등산 전문점에 가서 등산복과 가방, 신발을 샀다. 그리고 겨울이라 두껍고 긴 패딩을 샀다. 돈이 생각보다 많이 들었다. 하지만 허리만 아프지 않다면 돈이 아깝지 않았다. 나중에 종로에 있는 등산 전문점에 가면 저렴하게 살 수 있다는 걸 알았다.

네이버 밴드 산악회에 가입을 마쳤다. 드디어 처음으로 산악회에 나갔다. 그런데 겨울인데도 모두 얇은 패딩을 입고 있었다. 그러잖아도 낯선데 두꺼운 내 패딩이 너무 창피했다.

다 함께 북한산을 오르기 시작했다. 평소에 운동을 꾸준히 하는데도 숨이 턱에까지 차올랐다. 모두 쉽게 올라가는 데 나 혼자만 힘든 것 같았다. 하긴 긴 패딩을 입었으니 그 무게까지 걸음을 잡고 늘어지는 것 같았다.

북한산 중턱에 도착하자, 모두 돗자리를 펴놓고 점심을 먹기 시작했다. 밴드 리더가 낯설어하는 내게 옆으로 오라고 했다. 밴드 리더는 처음 오는 사람들은 다들 힘들어한다며 긴 패딩은 벗어서 가방 뒤에 메고 가라고 조언해 주었다.

점심 식사가 끝나고 출발하기 전에 화장실을 다녀와야 하는데 주위에 보이지 않았다. 여성 산악인들이 화장실을 가자고 해서 따라나섰는데 바위 뒤편으로 가더니 볼일을 보라고 했다. 나는 도저히 그럴 수 없어 참기로 했다.

다시 북한산을 오르기 시작했다. 리더 말대로 긴 패딩을 벗고 등산 가방 뒤로 올려서 묶어두니 산을 오르기가 훨씬 수월하였다. 100만 원이나 주고 산 긴 패딩인데 쓸모가 없게 되었다. 아무리 추워도 산을 오르려면 몸을 많이 움직여야 하므로 짧은 패딩을 입어야 한다는 것이다.

산을 5년 정도 다니다 보니 전국 원정산행을 갈 기회가 많았다. 설악산 문이 열리기 전에 도착하여 살을 에는 듯한 추위에 벌벌 떨었던 기억들, 설악산 귀때기청봉 바윗길을 겁도 없이 어두운 새벽에 걸었던 일, 어둠이 걷히고 보니 반들반들한 바윗길이었다.

등산한 지 벌써 10년째다. 이제 주위에서 나를 선수라고 부른다. 선수는 아니지만, 그래도 남보다 뒤처지지는 않기 때문에 나름대로 소신으로 산을 타고 있다.

흙산을 몇 년 다니다 보면 단조로움을 느낀다. 그때부터 등산인들은 바위를 타는 것으로 눈길을 돌린다. 나도 산을 탄 지 5년쯤 되었을 무렵부터 바위를 타기 시작했다.

생활 릿지는 생고무로 된 등산 신발을 신고 바위를 타는 걸 일컫는다. 신발은 바닥이 생고무로 되어있어 바위에 올라타면 미끄러지지 않는다.

나는 현재 일반 등산보다는 바위 타는 걸 선호한다. 재밌기도 하고 스릴을 느낄 수 있어 스트레스를 푸는 데는 최고인 듯하다.

등산복 중에서 명품이라고 불리는 아크테릭스 메이커는 국내에서는 수십만 원에서 수백만 원을 호가하는 고가임에도 불구하고 품절사태와 중고 프리미엄 거래가 이어지는 등 충성 고객층이 많다. 캐나다 등산복인데 겨울 바지만 150만 원대다.

지방 원정산행을 갔는데 한 남자 산악인이 등산복, 가방, 모자, 신발을 모두 아크테릭스 제품으로 감싸고 있었다. 나는 옆으로 다가가 그에게 말을 걸었다.

"등산복이며 가방도 비싼 아크테릭스 제품이네요."

"네, 가방까지 합쳐서 천만 원 넘게 들었을 거예요."

"바지가 본인한테 좀 커 보이는데…."

바지가 그에게 커서 헐렁하게 보였다. 바지 길이는 길어서 땅에 질질 끌렸다. 등산 가방도 야무지게 메지 않아 한쪽 어깨가 축 처져 보였다. 그는 살이 없다 보니 치수가 맞는 게 없어 조금 큰 치수를 샀다니 자꾸 바지가 내려간다고 했다.

나는 등산 가방에 있는 끈을 풀어주면서 등산 가방을 내려보라고 했다. 그의 몸에 맞게 줄을 맞추고 조절해주었더니 그에게 등산 가방이 몸에 딱 들어맞았다. 그는 등산이 처음이라고 했다. 내게 친절하게 대해줘서 감사하다고 인사를 했다.

　내가 초보일 때도 누군가 내 등산 가방끈을 조절해서 야무지게 매게 해준 사람이 있었다. 나도 초보자에게 그 일을 대신해주는 것이다. 처음일 때는 다 서툴다고 조언해 주었다. 노총각인 그는 친구가 등산인들이 선호하는 아크테릭스 메이커를 사입으면 여성들에게 인기가 많다고 해서 사 입었다고 얘기했다. 그를 쳐다보며 웃으면서 얘기했다.

　"등산하다 보면 산을 잘 타는 사람들이 있어요. 그들은 다른 사람들을 많이 도와줘요. 다른 사람들이 다쳤을 때 도와주려고 약품, 밴드, 파스 등 가져 다니는 사람도 인기가 많고, 사진을 잘 찍어주는 사람들도 인기가 많아요."

　그는 내 말뜻을 알아들었는지 고개를 끄떡였다. 등산인 중에 유독 아크테릭스를 입는 사람이 많긴 하다. 꼭 인기를 끌기 위한 것만은 아니다. 좋은 등산 장비는 좀 더 효율적인 산행을 돕는 역할을 한다. 또 만약의 경우 위험한 상황이 되었을 때 탁월한 기능으로 등산인의 몸을 보호하는 역할을 한다. 그러나 이성에게 관심을 받기 위한 아크테릭스는 사치뿐인 겉껍데기에 지나지 않는다.

벌금제

밤이 늦어도 남편이 들어오지 않는다. 휴대전화도 먹통인 걸 보니 오늘은 술을 마시는가 보다. 적당하게 마시는 게 아니라 폭음 수준이라 항상 남편의 건강이 걱정이었다. 밤새도록 잠을 이루지 못하다가 깜빡 잠이 들었는데 안방을 들어가 보니 남편이 자고 있었다. 언제 들어왔는지 알 수가 없다. 자는 남편에게 잔소리를 해봤자 먹히지도 않아 자게 내버려두었다.

아침에 식탁에서 콩나물 해장국을 먹는 남편에게 화를 냈다.

"이제 나이도 있는데 술 좀 그만 마시면 안 되나? 벌금제가 무슨 소용이냐고? 초저녁 내내 마시다가 밤 12시 5분 전에 들어오니 벌금도 못 매기겠고 대체 어쩌자는 거냐고?"

내 말이 미처 끝나기도 전에 남편은 거칠게 숟가락을 내려놓고 집안이 울리도록 현관문을 꽝… 닫고 나가버렸다.

술을 너무 좋아하는 남편에게 벌금제를 건의했다. 자정까지 안 들어오면 벌금을 내는 것이다. 남편도 선뜻 좋다고 각서를 썼다. 그런데 남편이 초저녁부터 술을 마시다가도 12시 직전에 집에 들어오는 꾀를 부려 벌금을 피해 갔다. 벌금제는 종잇조각이 되고 말았다.

며칠째 집을 비운 남편이 돌아왔다. 집을 나갈 때 입었던 옷 그대로였고, 얼굴에는 웃자란 수염으로 꺼칠꺼칠했다.

"이제 술 적당하게 마실게."

마치 엄마에게 잘못을 비는 아이처럼 풀이 죽어 있었다.

"잔소리 좀 했다고 며칠을 집에 안 들어오면 나는 당신하고 이혼해야겠네."

"머리가 아파서 바다 좀 보고 왔어. 회사가 많이 어려워. 부도 수표를 감당을 못할 정도야."

그는 나에게 KTX 영수증을 보여주었다.

"외박하면 벌금 50만 원인 줄 알지?"

나는 무거운 분위기를 바꾸기 위해 벌금제를 상기시켜 주었다. 짐작은 하고 있었지만, 회사가 그 정도로 어려운 줄 몰랐다. 고개를 숙이며 안방으로 들어간 남편을 따라 들어가 이불을 가슴까지 덮어주었다. 부부는 분노와 자비가 서로 자리바꿈을 하며 사는 존재인가 보다.

한숨 자고 난 남편에게 벌금 50만 원을 50% 반액 에누리해 준다고 했다.

"10만 원으로 깎아주면 안 될까?"

남편이 한쪽 눈을 찡긋하며 대답했다. 단순해지면 행복해진다고 했던가! 나는 고개를 끄떡였다. 벌금제는 그렇게 물 건너 가 버렸다.

빵소니범과 자선단체

운전을 하고 4차선에서 3차선 도로로 진입을 하려고 백미러로 보는데 3차선에서 500M 뒤에서 트럭이 오고 있었다. 나는 차를 천천히 3차선으로 진입을 하는데 트럭이 속도를 내더니 내 차의 백미러를 부딪치고 그대로 가버렸다. 내 차와 부딪힌 줄 분명히 알 텐데 저런 몰상식한 사람을 봤나? 나는 곧장 트럭을 쫓으면서 경적을 울렸다. 트럭은 3차선에서 달리고 나는 2차선을 달렸다. 트럭은 내가 따라오는 걸 아는지 모르는지 계속 달렸다. 트럭들은 짐을 내려주기 위해 시간을 맞춰야 한다고 알고 있긴 해도 그래도 남의 차를 부딪쳐 놓고 사과는커녕 뺑소니를 하는 건 용서하기 힘들었다. 트럭과 내 차가 나란히 달리기 시작했다. 나는 창문을 열고 큰 소리로 말했다.

"내 차 긁어놓고 그냥 가면 어떡해요? 멈추세요."

운전기사는 나의 말을 알아들었는지 도롯가로 트럭을 세웠다. 나도 트럭 뒤에 차를 세웠다. 기사는 머리가 희끗희끗한 노인이었다. 이런 분이 트럭운전을 해도 되나 싶을 정도였다.

"제 차 부딪혀 놓고 왜 도망가시나요? 경찰서에 신고할까요?"

기사가 머리를 긁적거리며 몰랐다고 했다. 이해가 되지 않았다.

"트럭이 조금 높다 보니 작은 차는 잘 안 보이는 경우가 있어서 그래요. 미안합니다."

기사는 모자를 벗고 나에게 고개를 숙였다. 그가 고분고분하게 나오니 나도 더 할 말이 없었다. 백미러만 살짝 긁혀서 보험회사까지 안 불러도 될 것 같았다. 그의 행색을 보니 초라하였

다. 낡아빠진 흰 티에 거뭇거뭇 때가 묻어있고 청바지는 후줄
근했다. 그는 흰머리가 수북한 노인이었다.

"보험회사를 부를까요?"

트럭 기사가 내게 물었다. 나는 고개를 저었다. 다음에는 이런
일이 생기거든 꼭 내려서 사과를 하든지, 부딪힌 부분을 고쳐
주시라고 부탁했다. 그는 내게 몇 번이나 고맙다고 했다. 그 얼
굴에는 수심이 많아 보였다. 내가 돈을 받아도 편할 것 같지 않
았다. 도망간 것이 화가 났지만, 그의 사과하는 태도에 내 마음
은 눈 녹듯이 녹아내렸다. 만약 그가 겁을 주기 위해 고함을 지
르거나 부딪친 적이 없다고 적반하장으로 나왔다면 나는 경찰
을 불러 고소하려고 했다. 차량 CCTV에 증거가 있으니 사고가
크든 작든 뺑소니는 그 죄가 절대 가볍지 않았다. 트럭 기사님
의 사과를 받고 운전을 하고 오는데 마음이 가볍고 편했다. 사
람과 사람은 잘 모른다. 하지만, 어떤 일이 일어났을 때 어떤 태
도를 보이느냐에 따라 상대방의 태도도 달라진다고 생각한다.

남편에게 사실대로 얘기했더니 백미러를 새로 갈아야 할 것
같은데 돈을 받지 그랬냐고 한다. 그 기사님 행색이 돈 받을 마
음이 안 들었다고 하니 남편은 당신이 자선단체냐고 버럭 소리
를 지른다. 남편의 지청구*에 어이가 없었지만 나는 후회하지
않았다. 그 트럭 기사님의 겸손한 태도가 나를 자선단체로 만
들어버렸기 때문이었다.

*지청구 : 까닭 없이 남을 탓하고 원망하는 짓

산에서 마음을 열다

헉헉! 숨이 턱까지 차올랐다. 산 중턱을 올라가는데 숲속 옆으로 뻗어진 산길 쪽으로 햇빛이 윤슬같이 빛났다. 흙길 옆으로 꽃이 활짝 웃음을 띠고 있다. 우거진 숲길을 오르니 나무들이 내뿜는 피톤치드가 가파른 숨을 정돈시켜준다. 온몸에 땀으로 범벅이 되어 얼음물을 꺼내 한 모금 마시고, 옷 위로 쏟아부었다. 더움과 차가움이 혼합되어 나의 몸 온도를 낮췄다. 다시 힘차게 산을 올랐다. 손수건으로 젖은 옷을 닦으며 올라가는데 옆에 남자 산악인이 걸어간다. 처음 보는 얼굴이다.

"안녕하세요?"

밝게 인사를 건넸다. 그는 내가 인사를 건네도 아무 말이 없다. 나를 쳐다만 볼 뿐이다. 아까보다 더 환하게 그에게 인사를 건넸다. 그는 나를 다시 쳐다보며 눈만 껌벅거렸다. 나를 무시하는 것 같아 기분이 언짢았다.

산길을 계속 올라가니 숲과 바위와 정자가 풍경화를 연상케 했다. 그 옆에는 넓고 위로 쭉 뻗은 바위가 보였다. 수려한 병풍이 펼쳐져 있는 것 같았다. 숲길을 헤치고, 뭉텅한 바위가 보였다. 목적지에 도착하자 등산 가방을 내려놓았다. 암벽장비인 안전띠를 매고, 안전띠 고리에 하강기, 등강기, 그리그리*(빌레이 장비)도 꽂았다. 오늘은 연습코스 중에 가장 긴 코스를 오르기로 했다. 대장님이 2명이 한팀이라고 조를 발표했는데 하필 나의 인사를 무시한 그와 같은 조가 되었다. 기분이 좋지 않아 힐끗 그를 보았다. 그는 산악인들이 바위를 탈 때 안전장치로 고리에 차고 갈 줄을 엉키지 않게 풀고 있었다.

한 명이 바위를 올라갈 때 밑에 있는 사람은 빌레이*를 봐 줘야 한다. 빌레이는 바위를 타고 올라가는 사람을 자세히 살펴보고 줄을 옥죄거나, 느슨하게 해주면 바위를 올라갈 때 수월하다. 바위가 미끄러울 때 줄을 옥죄어 줘야 미끄러지지 않는다. 바위를 타는 사람과 밑에서 빌레이를 보는 사람은 마음이 잘 맞아야 한다.

우리를 안전하게 올라갈 수 있도록 줄을 걸어주는 대장님이 제일 위험한 경우다. 앞에 줄이 없이 신발만 믿고 바위를 타야 한다. 그때 빌레이를 잘 봐야 떨어져도 1M 정도에서 조금 다칠 수 있다. 그때 빌레이를 잘 못 보면 낭떠러지까지 떨어질 수 있다. 우스갯소리로 대장님과 빌레이 보는 사람은 사귀는 경우가 많다는 소문도 있다. 그 정도로 마음이 잘 맞아야 한다는 뜻이다. 그가 몸을 구부려 바위를 타고 올라갈 때 빌레이를 봤는데 그는 바위를 잘 타는지 금방 정상에 닿았다. 그가 너무 빨리 올라가 줄을 빠르게 풀어줘야 해서 진땀이 났다. 그는 하강할 때 아무 소리도 지르지 않았다. 대부분 산악인은 오른손을 번쩍 들고 '하강' 소리를 지르고 내려오는데 그는 무조건 그냥 내려오는 것이다. 화가 치밀었다. 의사소통이 안 되어도 이렇게 안 될 수가 있나? 말을 안 하니 그 사람의 마음을 알 수가 없었다. 눈치껏 대충해야 했다. 장비산행은 철저히 해야 부상을 방지할 수 있다고 교육을 받았지만 파트너에 따라 대응을 달리해야 했다. 여러 면에서 짜증 나는 사람이었다.

나는 그가 내 옆으로 다가오자, 얼굴을 붉히고 눈살을 찌푸렸다. 나의 그리그리 장비를 빼버렸다. 그에게 나의 그리그리 장비를 쓰게 하고 싶지 않았다. 보통 한 조는 쓰던 걸 그대로 쓴다.

그가 빌레이를 보고 내가 바위를 오르게 되었다. 바위를 오르기 시작하는데 밑에서 줄을 풀어줘야 하는데 줄이 조여 오르지 못하게 되었다. 줄 좀 풀어달라고 고함을 질렀다. 그는 나의 얼굴만 쳐다보고 아무 말이 없었다. 할 수 없이 내가 줄을 자꾸 끌어당기니 줄을 적당히 풀어줘야 하는데 너무 느슨하게 해줬다. 줄을 느슨하게 해주니 그를 쳐다보고 줄을 조여달라고 하니 그는 또 줄을 느슨하게 해주었다. 바위를 타고 올라가다 주르륵 미끄러졌다. 1M 정도 미끄러져 무릎이 움푹 패고 피가 흘러나왔다. 주위에서 바위를 타던 산악인들이 모이기 시작했다. 대장이 응급조치할 수 있는 약품을 가지고 있어 소독하고 연고를 바르고 붕대를 감았다. 무릎이 아프고 장비산행을 하려고 지하철을 4번이나 갈아타고 왔는데 오늘 하루 바위를 타지 못한다는 억울함 때문이었을까? 눈물이 흘렀다. 무엇보다 의사소통이 되지 않는 그의 행동이 이해가 되지 않았다.

그와 친한 일행이 다가와 많이 다쳤냐고 물어보고, 그에 대해 말해줬다. 그는 청각장애인이라 말을 못 할 뿐 아니라 내가 하는 말도 듣지 못한다고 했다. 내게 많이 미안해 한다고 그가 가져다주라고 했다며 비타민 두 알을 내밀었다. 순간 멈칫 놀랐다. 청각장애인이라니? 생각도 하지 못했다. 청각장애인이 바위를 오르다니, 진작 가르쳐 줬으면 오해하지 않았을 텐데… 정상인도 힘들어하는 암벽산행을 청각장애인이 도전하는 게 놀라웠다. 그는 바위에서 떨어지는 산악인을 구해준 적도 있다고 했다. 그는 조심스럽게 한 발자국씩 마음을 열며 우리에게 다가오는 것 같았다. 바위를 타면서 위험하다는 걸 느끼며 떨어지는 산악인을 힘껏 껴안았는지 모른다. 떨어지는 산악인을 안는 것은 자살행위다. 비장애인은 그런 위험한 행동을 하지 않는다. 하지만, 그는 위험한 세상을 읽었기에 그런 용기가 한 사람의 생명을 구한 것이다. 바위를 탈 때 거친 숨을 몰아쉬며 장애인인 자신과 세상과 호흡하는 법을 익혔고, 산악인과 서로 손발을 맞추며 세상과 소통하기 위해 노력했을 것이다.

그동안 귀를 막은 건 그가 아니라 나였는지 모른다. 마음은 닫고 있으면서 말로만 인사를 하고 노력도 하지 않으면서 그가 빌레이도 척척 잘해주기를 바랐는지 모른다. 무릎을 다쳐 그에게 인상을 썼던 일, 내 반찬을 먹을 때 그가 나에게 맛있다는 표현으로 엄지손가락을 치켜세웠는데도 나는 고개를 돌려 외면해버렸다. 그는 이미 내 마음을 다 읽었다는 생각이 드니 얼굴이 화끈거렸다.

줄을 개고 있는 그에게 웃으면서 다가갔다. 줄을 가지런하게 함께 정리했다. 노을이 마지막 꼬리를 감출 때 우리는 하산을 했다. 무릎이 시큰거려 다리를 절룩거렸다. 옆에서 걷던 그가 어깨에 메고 있던 나의 등산 가방을 들고 가더니 등산 가방을 앞으로 뗐다. 앞뒤로 등산 가방을 메고 가는 그가 펭귄 같았다. 내가 웃으면서 손등을 펴고, 다른 손을 세워서 쳤다. 고맙다는 수어를 그에게 표현했다. 그는 해바라기꽃처럼 환하게 웃었다.

해가 지면서 겹겹이 짙어가는 어두운 그림자가 길게 늘어진 다. 맞은편 산등성이에서 저녁놀이 붉게 타오른다. 그가 나의 느린 발걸음에 맞춰 천천히 걷는다.

*그리그리 : 빌레이를 볼 때 필요한 장비

*빌레이 : 다른 등반자의 추락을 멈추게 하는 타인확보기술

어른 나무

차가 밀리자 차들이 빵빵거린다. 나뭇가지에 앉아있던 새들이 푸드덕 날아오른다. 운전대에 올려놓은 남편의 손이 파르르 떨리고 있었다. 옆에 앉은 어머님을 쳐다보니 근심이 가득한 얼굴로 자동차 앞 유리만 쳐다보고 있었다.

"어머님 요양원 시설은 괜찮던데 마음에 드세요?"

"거기는 죽으러 가는 데라고 사람들이 그러더구먼."

어머님의 한숨 소리가 내 귓가에 무겁게 내려앉았다.

"아니에요. 어머님 요양원에 가시면 친구분들도 계시고, 일주일만 참고 있으면 저희가 맛있는 것 사서 자주 찾아뵐게요."

내가 다정하게 말을 걸어도 어머님 마음은 공허한지 몸을 비틀어 눈길을 창밖 가로수만 응시했다.

어머님을 요양원에 입소시키기 위해 등록을 하고 오는 길이었다. 둘이 맞벌이를 하기에 어머님을 돌볼 사람이 없었다. 어머님의 손등을 보니 자글자글 패인 주름이 핏줄과 함께 울퉁불퉁 올라와 있었다. 남편이 중학교 때 아버님이 돌아가셔서 어머님은 시장에서 생선 장사부터 식당 보조일까지 궂은일을 마다하지 않고 돈을 벌었다. 3남 3녀를 대학까지 보내고 결혼해서 가정을 이루게 했다. 내가 결혼하고 어머님과 같이 살았던 건 맞벌이를 해야 했기 때문이다. 어머님이 아이들을 대신 키워주었다. 중학생이 된 아이들은 어릴 때부터 어머님의 음식을 먹고 자랐다. 나도 어머님이 계셔서 직장 생활을 수월하게 할 수 있었다. 주말이 되면 어머님은 남편을 일찍 깨웠다.

"가족들 데리고 놀이공원이라도 같이 가거라. 추억이 제일 소중한 거라. 나는 산다고 바빠서 너희들 어릴 때 사진 한 장 없지만, 너는 자식들한테 좋은 모습으로 살아라."

어머님이 싸 놓은 김밥을 내게 내밀었다. 우리는 아이들과 주말만 되면 놀이공원을 가거나 여행을 다녔다. 처음에는 어머님이 등을 떠밀어 다닌 가족여행이었지만 차츰 재밌어졌다.

어느 날 어머님이 내게 말했다.

"아들하고 같이 돈을 버니 집안일은 서로 도와주는 식으로 해라. 여자라고 직장에 다니면서 집안일도 다 하는 건 옳지 않은 거라."

어머님의 겉모습은 노인이었지만, 사고는 깨어있는 어른이었다. 합가한 이후 어머님은 내 생일 때마다 금일봉과 생일상을 한 번도 잊지 않고 챙기셨던 친정엄마 같은 분이셨다. 회사 동료들이 고부간의 갈등을 얘기하면 뭔 소리인가? 이해가 안 되었다. 어머님은 우리 집의 기둥이었다. 그 기둥이 병들고 시들어서 뽑아내 버리려고 한다. 어머님이 가스 불을 켜놓고 외출을 한 후 경보등이 울려 관리사무소에서 전화가 몇 번 온 일이 있었다. 불안해서 어머님을 모시고 병원에 가 보니 치매 초기라고 하였다. 더 큰 사고가 나기 전에 어머님을 요양원에 입소시키기로 하고 오늘 등록을 마치고 오는 길이다. 요양원을 들러보고 어머님은 고개만 끄떡거렸다. 노인분들 사이에는 요양원이 자식들이 모시기 싫어 부모들을 버리는 장소로 인식이 되어 있었다. 집에 도착하니 중학교에 다니는 딸이 내게 다가와 묻는다.

"할머니 꼭 요양원에 가셔야 해? 밥은 누가 해줘?"

"엄마가 해야지. 할머니가 아프셔서 어쩔 수 없어."

딸의 눈가에 이슬이 맺혀있다. 딸이 태어나고 할머니 손에서 자랐다. 할머니가 떠난다니 많이 슬픈가 보다. 딸을 안아주었다. 학원을 마치고 온 아들은 거실 소파에 앉아 할머니 안 가면 안 되냐고 보챘다.

"그럼, 엄마가 직장을 관둬야 해."

"엄마가 회사를 관두면 되잖아. 엄마는 필요할 때는 할머니를 부려먹기만 하고 아프면 요양원에 보내야 해? 나중에 엄마도 내가 꼭 그렇게 할게."

아들의 비수 같은 말이 나의 마음속을 찌른다. 가만히 생각하면 틀린 말도 아니다. 하지만, 나는 어머님 같이 아프면 나도 받아들여야지. 자식들 행복을 망칠 수는 없지. 마음속으로 생각했다. 항상 웃음꽃이 피고 행복해 하던 가족들이 어머님이 요양원에 간다는 소식에 말들이 없어지고 우울해 했다. 남편이 내게 다가와 주말이니 어머님을 모시고 놀이공원에 가자고 했다. 가만히 생각해 보니 어머님을 모시고 놀러 간 적이 없었다. 어머님께 함께 가자고 말하면 언제나 쉬고 싶다고 대답하셨다.

어머님 방에 들어가 보니 어머님이 옷 정리를 하고 계셨다. 옷장에 있는 옷을 다 꺼내 놓아도 트렁크 한 개를 다 채우지 못했다. 죄송한 마음이 들었다.

"어머님 내일 온 가족이 놀이공원에 놀러 가요. 사진도 찍고요."

어머님은 웃음을 입가에 지으면서 고개를 끄떡거렸다.

아침 일찍 일어난 어머님은 김밥을 싸 놓으셨다. 가족들의 식성을 다 맞춘 맞춤형 김밥이었다. 남편이 좋아하는 매운어묵 김밥, 아이들이 좋아하는 햄김밥, 내가 좋아하는 채소김밥, 어머님이 좋아하는 김밥은 없었다. 자식들, 손자들만 위하는 어머님이 안쓰러웠다. 놀이공원에 간다니 들떠있는 아이들은 할머니 팔짱을 하나씩 잡고 신나게 걸어가고 있었다. 그 모습을 뒤에서 보니 행복한 꽃길을 같이 걸어가는 모습이었다.

놀이공원에 도착하자, 사람들이 물밀 듯이 밀려들었다. 놀이기구를 타려고 해도 줄을 서 있어야 했다. 어머님은 아이들과 같이 있는 게 좋은지 전혀 피곤해하지 않았다. 어머님이 타실수 있는 건 목마밖에 없었다. 어머님은 신이 나는지 목마가 돌 때마다 애들에게 손을 흔들어줬다. 아이들은 할머니의 펄럭이는 치맛자락을 잡으려고 손을 뻗었다. 어머님과 아이들의 웃음소리가 너울춤을 췄다.

동물원으로 이동을 했다. 동물에 관해서는 모르는 게 없는 아들이 가족들에게 설명하기 시작했다. 어머님은 고개를 끄떡거리기도 하고, 눈을 동그랗게 뜨고 맞장구를 쳐 주니 아들은 신이 나서 더 열심히 설명했다. 어머님은 항상 아이들에게 긍정과 희망을 주는 분이다. 아들은 수의사가 꿈인데 공부가 따라주지 않는다. 그러나 어머님은 아들에게 '넌 할 수 있어. 분명히 해낼 거야' 하고 용기를 주신다. 그 덕분인지 아들은 성적이 조금씩 향상되고 있다. 사람들이 북적거리니 어머님은 피곤해 하셨다. 벤치에 앉아 어머님과 커피를 마셨다.

"힘드시죠?"

어머님은 고개를 흔들며 복사꽃 웃음을 지었다.

"어멈아! 그동안 나하고 같이 산다고 고생 많이 했다. 내가 아무리 잘해준다고 해도 같이 산다는 건 힘들지. 고맙다."

어머님은 나를 포근히 안아주셨다. 어머님 품에 안겼는데 울컥하는 심정이 올라와 온몸에 퍼졌다. 아이들이 놀이기구를 타고 어머님 곁으로 오자, 어머님은 땀을 흘린 아이들을 손수건으로 닦아주며 옷도 털어주고 '어휴 내 새끼' 하며 엉덩이를 두드려준다. 오히려 엄마인 나는 아이들을 멀뚱히 쳐다만 볼 뿐이다. 어머님이 우리와 합가 하실 때 오십 대였는데 지금은 얼굴에 주름이 깊게 팬 노인이 되어있었다. 하늘을 보니 저녁놀이 벌겋게 달아올랐다. 집으로 오는 길에 가로수의 잎들이 어둠을 먹고 고개를 숙였다. 어머님의 모습 같아 마음이 짠해졌다.

아이들은 놀이공원에서 신나게 놀아서인지 일찍 잠이 들었다. 남편도 며칠 사이 마음고생을 해서인지 얼굴이 시커멓게 변해있었다. 남편은 자식들을 위해 희생한 엄마를 육 남매 중에 어머님 한 분 모실 사람이 없다는 것이 한심하다고 했다.

"우리도 불효자에 속해."

나의 말에 남편은 말하던 입을 봉하듯 꼭 닫았다.

"옛말에 부모는 열 자식을 품어도 자식은 한 부모를 모시지 못한다."라는 말이 있다. 일주일 후 어머님이 요양원에 입소하는 날이다. 일주일 동안 어머님은 가족들 밥을 챙겨주셨다. 어머님이 차려준 밥을 먹을 때마다 마음이 편하지 않았다. 어머님은 요양원에 들어가시는 날 아침, 인삼과 전복을 넣은 죽을 끓여주었다.

"너희에게 마지막으로 내가 해 주는 식사야. 영양죽을 끓였으니 맛있게 먹어."

어머님은 드시지도 않고 우리가 먹는 걸 바라만 보신다.

"어머님도 같이 드셔야 우리가 마음이 편하죠."

내 말에 할 수 없이 어머님은 전복죽을 드신다.

요양원에 모셔드리기 위해 남편이 운전을 했다. 길목의 가로수들의 잎이 유난히 풀이 죽어있었다. 날씨가 비가 오려는지 차의 창문으로 지나가는 하늘을 보니 먹구름이 허옇게 끼어있었다. 큰 기둥을 들어내야 하는 부담감이 나를 억눌렀다. 요양원 도착 5분 전이었다. 나는 어머님 손을 잡았다.

"어머님 요양원에 가지 마세요. 힘들어도 우리 같이 이겨내 봐요."

"잘 견디고 있을 게 걱정하지 말아라."

눈물이 가득 고인 채로 말을 하는 내게 어머님은 괜찮다고 나의 어깨를 토닥여주신다.

"여보 차 돌려요. 나, 이대로 어머님 못 보내드리겠어요. 오전에는 내가 회사 가고 어머님은 복지관에 가시고, 오후에는 제가 근무 단축 신청할게요."

"진짜야?"

남편은 운전하면서 뒤를 돌아보며 내 표정을 살폈다. 나는 뒷좌석에서 고개를 끄떡거렸다. 어머님은 15년을 우리에게 봉사하시고, 사랑을 주셨는데 나도 이제 어머님을 위해 사랑을 드려야겠다는 생각이 들었다. 남편도 어머님을 요양원에 보내는 게 마음이 무거웠는지 내 말에 운전하는 손가락들이 신나게 춤을 추었다.

"어멈아! 고맙다. 손자들하고 이별하는 것도 싫었고, 나 혼자 멀리 떨어진 섬에 가는 기분이었는데 어멈이 나를 무인도에서 구해주는구나!"

"제가 이제 어머님께 기둥이 될게요."

도로의 노란 은행나무가 눈이 부신 햇살에 반짝이는 것을 보며 나는 어머님 손을 꼭 잡아드렸다. 자동차 창문에 비친 어머님 얼굴이 환했다. 남편과 나는 어른 나무 한 분을 모시고 핸들을 꺾어 집 방향으로 차를 몰았다.

안단테, 안단테

주위에 성격이 급한 사람들을 보곤 한다. 그들은 대체로 행동이 빠르고 또 부지런하다. 모임에서 한 사람이 다가와 말을 건넨다. 천천히 해도 되는데 성격이 급한 탓에 속사포로 쏟아놓는다. 말이 아직 끝나지 않았는데 다음 말을 하니 말이 엉겨서 무슨 뜻인지 선뜻 이해가 가지 않았다. 그런 사람들은 앉아서 말하는 게 아니라 서서 하는 경우가 많다.

돌아가신 아버지가 생각이 난다. 경상도가 고향인 아버지는 말수는 적었지만, 성격이 급했다. 부부동반으로 외출할 일이 있으면 엄마는 화장도 해야 하고, 옷도 갈아입어야 하니 시간이 걸리는 게 당연하다. 엄마가 꽃단장하는 동안 성격이 급한 아버지는 집하고 2km 떨어진 영도다리를 건너고 계신다. 자갈치에서 볼 일을 마친 아버지는 영도다리를 건너 집으로 오다가 그제야 시내로 나가는 엄마를 만난다. 다리 중간에서 만난 두 분 모습은 이정록 시인의 '정말 날랜 양반이었지'라는 시구가 떠올리게 한다. 아버지 성격을 잘 알고 있던 엄마는 볼일 봤냐고 한 마디 묻고 자갈치 시장으로 가고 아버지는 집을 향해 걸어가신다. 모처럼 두 분이 함께 외출하기로 했는데 각자 볼 일을 보고 돌아온 셈이다. 그래서 엄마는 아버지와 외식을 한 적이 한번도 없다. 두 분의 외출은 언제나 따로국밥이었다.

엄마는 평소 아버지처럼 성격이 급한 사람을 만나지 말라고 했다. 평생 힘들다고 한숨을 쉬곤 했다. 아버지는 아침 5시에 기상을 한다. 아침 6시에 아침밥을 먹는다. 친정집은 주택이라 여간 수리할 곳이 많은 게 아니다. 성격이 급한 아버지는 손수

고치겠다고 나섰다. 아버지의 솜씨를 잘 알고 있던 식구들이 말려도 소용이 없었다. 후다닥 해치웠지만 결국 기술자를 불러야 했다.

아버지의 뒤치다꺼리는 항상 엄마 차지였다. 낙천적인 엄마는 불평 한마디를 안 했다. 엄마는 무슨 일이든지 아버지와 의논했다. 밤에 도란도란 이야기를 주고받는 모습을 보면 두 분 금실은 좋았던 것 같았다.

나는 성격 급한 아버지를 좋아하지 않았다. 엄마가 아버지 같은 사람은 절대로 만나지 말라고 한 탓일까. 나는 느긋한 사람과 결혼했다. 하지만, 너무 느긋한 남편과 살다 보니 속에서 천불이 나곤 했다. 아들 기저귀 갈아주라고 부탁하고 시장을 간 적이 있었다. 볼일을 마치고 현관에 들어서는 순간 아들이 자지러지게 우는 소리가 들렸다. 내가 돌아올 때 까지 똥오줌 범벅인 기저귀를 차고 있었으니 얼마나 힘들었을까.

"기저귀 갈아주려고 했는데 당신이 빨리 온 거지."

"아니, 기저귀 갈아주는 게 한 시간이 나 걸릴 일이야? 피부도 연약한데 얼마나 아프겠어?"

그제야 남편이 느릿느릿 기저귀를 찾는다. 아들이 기겁했다. 아빠가 기저귀를 갈아주면 30분이나 다리를 치켜들고 닦으니 그럴 만도 했다. 느려도 너무 느린 남편, 아이들을 맡기면 물 한 번 먹이는 것조차 온종일 걸리니 답답한 내가 해 버린다.

결혼식을 하지 말고 결혼을 하라는 김창옥 교수의 말이 생각난다. 세상에 좋은 배우자는 없으며 나와 맞는 배우자와 안 맞는 배우자만 있을 뿐이라고 했다.

성격 급한 아버지 때문에 느긋한 남자를 선택했는데 내가 너무 피곤하고 힘들다. 아버지와 남편의 성격을 잘 섞어 놓은 적당함이 그립다. 느림과 빠름의 중간, 신중해야 할 일을 앞두고는 한 박자 늦추고, 빠르게 행동해야 할 때는 한 박자 빨리, 상황에 맞게 행동하는 현명한 사람이 되어야 한다는 걸 많이 느낀다. 느긋한 남편에겐 내가 성격이 급한 것으로 보일지 모른다. 조급하고 느긋함 그 사이에서 평화로운 하루를 연주하기 위해 나는 오늘도 안단테*, 안단테 중얼거린다.

*안단테 : 느리게 연주하라는 말.

철없는 기도

얼굴에 내려앉는 봄 햇볕이 따스하다. 눈을 감고 돌아가신 엄마에게 암에 걸려 진단비를 받을 수 있게 해 달라고 기도했다. 암진단비를 받으면 외국 여행도 가고, 예쁜 옷도 사 입고, 하고 싶은 게 많았다. 그런데 기도를 들어주신 걸까? 며칠 후 화장실에서 볼 일을 보는데 하혈을 했다. 순간, 덜컥 겁이 났다. 걱정되어 간호사인 딸하고 병원을 갔다. 의사 선생님이 고개를 갸웃거리며 피검사와 CT 촬영을 하라고 했다. 결과는 2주일 뒤에 알수 있었다. 기다리는 동안 긴장과 불안감으로 아무것도 할 수 없었다.

평소에는 내가 가족에게 필요한 존재인지 몰랐다. 그러나 아프다고 하니 지방에서 직장 생활을 하는 아들이 매일 전화를 해서 내 상태를 물었다. 평소에는 한 달에 한 번 전화할까 말까한 아들이었다. 내가 아프면 가족들이 힘이 든다는 생각이 들정도로 전화가 빗발치게 왔다. 엄마에게 그런 기도를 드린 것도 후회가 밀려왔다. 병원에 다녀온 뒤로도 하혈은 멈추지 않았다.

드디어 결과를 보러 가는 날, 남편이 월차를 내고 따라나섰다. 의사 선생님 앞에 앉는 순간 심장이 쿵쿵 뛰고 있었다. 의사 선생님은 자궁에 혹이 있는데 악성인지, 양성인지 수술을 해봐야알 수 있다고 했다. 순간, 아찔한 현기증이 몰려왔다. 두 아이도출가시키지 않았는데 죽을병에 걸린 건 아닌지, 남편도 충격을 받았는지 말을 더듬거리며 물었다.

"수술을 꼭 해야 합니까?"

"네, 혹모양이 이상합니다. 혹이 작아 괜찮아 보이지만 수술해서 세포검사를 해봐야 할 것 같습니다."

남편은 하루라도 빨리 수술을 받게 해달라며 내 손을 꼭 움켜쥐었다. 병원을 나오며 남편과 나는 한동안 아무 말도 하지 않았다. 날벼락 같은 소식에 할 말을 잊어버렸다. 남편이 뭔가 결심이라도 한 듯 점심부터 먹자고 했다. 병원 근처 식당에 들러 감자탕을 시켰다. 음식이 모래를 씹은 것처럼 겉돌았다. 겨우 국물만 몇 번 떠먹다가 숟가락을 놓고 말았다. 검사 결과를 기다리고 있을 아들과 딸에게 가족 카톡방을 통하여 자세하게 알려주었다.

수술 당일, 내 수술은 오전으로 잡혔지만, 가족 카톡방에는 오후라고 올렸다. 아이들이 마음 졸이고 걱정하는 게 싫었다. 남편에게만 월차를 내라고 했다. 수술이 끝나고 마취에서 깨어난 후 잘 끝났으니 안심하라고 가족 카톡방에 적었다. 아들이 왜 시간을 속여서 기도를 못 하게 했느냐고 화를 냈다. 종교도 없는 아들인데 엄마를 위해 기도를 하고 싶었나 보다. 마음이 뭉클했다. 아들은 5시간을 운전해서 병실을 찾아왔다. 아들의 두 눈이 퉁퉁 부어 있었다.

"엄마가 나를 크게 낳아 아픈 것 같아 너무 미안해."

아들은 내 손을 꼭 잡으면서 눈물을 글썽거렸다. 3.9kg을 낳았으니 힘들긴 했다.

"아니야! 엄마 괜찮아. 너를 낳고 온 세상을 다 가진 것처럼 기뻤어."

아들이 우는 모습을 보여주기 싫었는지 두 손으로 얼굴을 가리며 병실문을 열고 급하게 나갔다. 오후 늦게 병원 근무를 마친 딸이 병실로 왔다. 딸의 얼굴은 누렇게 떠 있었다.

"밥은 안 먹었니? 얼굴이 왜 그래?"

"엄마가 수술한다고 하는데 밥이 넘어가? 물도 잘 안 넘어가더라."

가족들이 걱정하는 줄도 모르고 돌아가신 엄마에게 암 걸리게 해 달라고 빌었던 나의 행동이 부끄럽고 미안했다.

담당 의사가 회진하면서 조직검사 결과가 다행히 양성으로 판정 났다고 알려주었다. 누가 먼저랄 것도 없이 남편과 아이들이 나를 부둥켜안았다. 빈 둥지 증후군처럼 늘 혼자라고 생각했었다. 그러나 이번 일을 통하여 내가 그들에게 빛과 소금 같은 존재라는 사실을 깨달았다.

구름 한 점 없는 하늘을 쳐다보았다. 철없는 기도를 용서해주신 엄마의 마음처럼 높고 푸르다.

포옹의 온도

사람들이 전철을 타기 위해 줄지어 섰다. 잠시 뒤 굉음을 내면서 전철이 들어선다. 출근 시간이 조금 지난 시간대라 전철 안은 사람들이 많지 않았다. 그래도 좌석은 사람들로 가득 차 있고, 몇몇 사람들은 서서 가고 있다.

등산복과 등산 가방을 멘 나는 경로석 벽 옆으로 기대어 서 있었다. 그런데 웬 열 살쯤 되어 보이는 여자아이가 내 옆으로 와 나의 손을 슬그머니 잡았다. 순간 당황스러웠다. 아이는 나를 쳐다보며 봄에 막 피어나는 진달래꽃 같은 웃음을 보냈다. 어색했지만, 어린아이의 웃음에 나도 봄에 피어나는 목련꽃의 화려한 미소를 보내주었다. 아이는 나의 미소에 신이 났는지 두 손으로 하트 모양을 보냈다. 나는 얼굴에 포근한 미소를 보내면서 아이의 손을 맞잡아주었다. 평소에 어린아이를 좋아하던 나의 습관이 그 아이의 웃음에 동화되어 나오는 행동이었다. 아이에게 몇 살이냐고 물었다. 아이는 고개만 끄덕였다. 아이는 내게 수어로 신호를 보냈지만, 나는 수어를 할 줄 몰랐다. 아이는 잠시 후 두 팔로 나의 허리를 꼭 껴안았다. 순간 나는 어떻게 해야 할지 몰라 주춤거렸다. 주위에는 우리를 쳐다보는 사람들은 없었다.

나도 용기를 내어 두 팔로 그 아이를 안아주었다. 작은 체구의 아이는 뼈만 앙상하였다. 순간 모성애가 일어나 엄마의 마음으로 아이를 더 포근하게 안아주었다. 아이는 내 품에서 한

동안 눈을 감고 쉬고 있는 듯 보였다. 사람과 사람이 안아주는데, 이상하게도 떨리고 불안했다. 나의 가슴은 해서는 안 될 도둑질을 하는 사람처럼 심장의 핏줄들이 부딪히는 소리가 들리는 듯했다. 전철 안의 자막뉴스에는 사건 사고가 자막으로 표시된다. 사회가 자꾸 나쁜 쪽으로 흘러가서인지, 아이의 포옹이 내게는 낯설게 다가오기만 했다.

나는 슬그머니 눈을 감았다. 내가 젊은 나이에 직장을 다닐 때 직장 근처에 장애인 학교가 있었다. 그때는 장애인 학교도 자체 통학버스가 없어 장애인 아이들 부모가 학교에 직접 데려다주거나, 아이들이 개인적으로 버스를 타고 학교에 와야 했다. 유독 한 아이와 버스를 같이 타는 일이 종종 있었다. 아이가 열 살쯤으로 보였다. 눈망울이 맑고 또래보다 작은 아이였는데 항상 창문만 바라보다가 내가 버스를 타면 앞에 치아는 몇 개가 빠진 채 활짝 웃음을 보냈다. 나는 아이의 웃음만 봐도 하루가 기분이 좋았다. 말은 하지 않아도 서로를 응원해주는 것 같아 그 아이를 만나는 날은 유독 힘이 났던 기억이 있다. 아이와 같은 좌석에 앉을 기회가 있었는데, 내가 말을 걸어도 아이는 아무 말을 하지 않았다. 아마도 듣지도 말하지도 못하는 아이 같았다. 그때 손을 잡아주고 '힘내' 라고 응원을 했던 기억이 난다.

나는 오늘 이 아이를 보면서 그때 30년 전 나를 떠올린다. 그때는 아이를 진심으로 대했는데 오늘 나는 왜 이렇게 변했을까? 하고 나의 내면을 살펴보았다.

아이는 내릴 때가 되었는지 내 품을 떠났다. 다시 내게 하트를 보내더니 손을 흔들면서 전철역에서 내렸다. 왠지 더 꼭 껴안아 줄 걸 하는 아쉬움이 있었지만, 그 아이를 내치지 않았다는 나의 용기에 마음속으로 박수를 보냈다. 만약 내가 그 아이의 포옹을 받아주지 않았다면 그 아이는 사람에 대한 냉정함을 배웠을지 모른다. 자꾸 웃는 그 아이를 떠 올려보니 다른 사람들도 그 아이를 외면하지 말고 그냥 포근히 안아줬으면 하는 바람이 든다.

〈언어의 온도〉라는 책이 있다. 그 책에 '애지욕기생'이란 글이 나오는데" 사랑은 사람을 살아가게끔 한다." 라는 뜻이다.

사람이 포옹하면 온도는 36.5도+36.5도이다. 둘이 합하면 그 온도가 뜨겁다. 오늘 나는 한 아이와의 포옹으로 인해 사랑의 온도를 알았다. 아이와 나는 어려운 일이 있을 때마다 포옹의 온도를 떠올릴 것 같다.

낯선 부고장

카톡으로 부고장이 날아왔다. 부고의 주인공은 현영씨였다. 언제나 환하게 웃었던 현영씨였는데, 믿기지 않았다. 현영씨를 처음 만났을 때가 생각났다.

5년 전 친정엄마가 부산에 있는 대학병원 중환자실에 입원한 적이 있었다. 절차를 마친 나는 긴장이 풀린 탓에 다닥다닥 붙어있는 보호자 의자에서 깜빡 잠이 들어버렸다.

문득, 눈을 뜨니 한 젊은 여자가 바닥에 매트를 깔고 자고 있었다. 가족 중에 한 분이 아픈가 보다 생각했다. 그녀는 나를 보더니 해맑은 미소를 머금은 채로 인사를 했다. 같은 보호자 처지에서 누가 아파서 중환자실에 왔냐고 물었다. 남편이 오토바이를 타다가 사고가 나서 목뼈가 다 부러져 응급상황이라고 했다. 목의 10분의 1만 남아있어 전신 마비로 살지, 죽을지 모른다고 했다. 현영씨의 말을 듣고 나도 모르게 놀라움에 한쪽 손으로 입을 막고 눈물이 글썽거렸다.

젊은 나이에 남편이 그 지경이니 가슴이 무너져 내릴 것 같았다. 나는 그녀에게 다가가 어깨를 감싸주었다. 처음 보는 데도 왠지 낯설지 않았다. 그녀의 고향은 거제도였다. 거제도 병원에서 부산의 큰 대학병원에 가라고 했다고 한다. 나의 부모님 고향이 거제도라서 그런지 그녀가 동생같이 느껴졌다. 그녀도 나를 언니라고 부르면서 잘 따랐다. 우리는 같이 점심을 먹고, 나의 엄마 얘기며, 그녀의 남편 얘기를 하며 서로를 위로하며 지냈다.

엄마는 건강이 호전되어 일반 병실로 옮겼다. 하지만 그녀는 중환자 보호자실에 그대로 잠을 자고 있었다. 그녀를 보니 마음이 안쓰러웠다. 일반 병실에 남은 간이침대가 있으니 나하고 같이 자자고 해도 밤에 무슨 일이 일어날지 모른다고 남편 옆 보호자실에 있어야 한다고 했다. 그녀는 엄마 병실에서 샤워만 좀 하게 해 달라고 했다. 그녀는 남편하고 사이가 좋아 보였다. 남편이 아픈데도 늘 웃고 다니고 남편의 동영상을 찍어 내게 보여주고 매일 남편과 재밌게 지냈다. 그녀가 휴대폰 동영상으로 그녀의 남편을 내게 소개했다. 그녀의 남편은 말을 하지 못해 눈으로 인사를 하였다.

"안녕하세요."

눈을 두 번 끔뻑거렸다. 나는 그녀의 남편에게 웃으면서 손을 흔들어 주었다. 그녀의 처지가 안타까워 밥도 같이 먹으면서 위로도 해주었다. 그러나 그녀의 남편은 더 치료할 수 없다는 판정을 받았다. 그녀가 거제도인 집으로 돌아간다고 내게 인사를 하러 왔다. 그녀는 보험회사의 지점장이라고 했다.

그 뒤 1년 정도 있다가 엄마도 돌아가시고, 나는 그녀를 잊고 살았다. 문득, 그녀가 궁금해 연락을 해보니 엄마가 돌아가신 다음 해 봄에 그녀의 남편은 파랑새가 되었다고 했다. 왜 연락 안 했냐고 하니, 멀리 사는 언니가 올 수도 없는데 어떻게 연락하느냐고 마음만이라도 고맙다고 했다. 그런데 오늘 그녀의 부고장을 받았다.

그녀는 53세였다. 멀어서 가지도 못하고 카톡 부고장에 '항상 긍정적인 현영씨 남편하고 사이가 좋아서 남편이 데려갔나 보다. 천국으로 가서 행복하라'라는 메시지를 남기고 그녀가 천국으로 갈 차비를 보냈다.

그녀의 부고장에 종일 마음이 먹먹했다. 밝게 웃던 그녀가 떠오르고 중환자실 의자에 쭈그려 자던 나의 모습도 겹쳐 보였다. 그때 밤새 걱정하던 엄마도 그녀도 다 하늘나라로 가버렸다. 비록 중환자실 옆 보호자실이었지만 나를 사랑하는 엄마가 옆에 누워있었던 그 따뜻한 보호자실이 그리울 때가 있었고, 현영씨와 밤새워 얘기했던 고운 추억들이 떠올랐다. 오늘따라 유난히 소나기가 땅을 파듯이 내린다. 비가 이렇게 내리면 하늘나라로 갈 그녀의 하얀 날개가 비에 젖지 않을까 걱정이 된다. 그녀의 웃는 모습이 내게는 천사였다. 남편이 아파도 남편 흉을 본 적이 한 번도 없었다. 오토바이 타지 말라고 부부싸움을 하는 부부도 많지 않던가…. 환자인 남편과 보호자인 아내가 서로 사랑하고 웃던 모습이 선하다.

현영씨 장례가 끝난 3일 뒤 전화를 했다. 아들이 전화를 받았다. 엄마가 돌아가신 이유를 물었다. 아빠가 돌아가시고, 생활전선에 뛰어든 엄마는 스트레스를 많이 받았는지 병원검진에서 위암 말기를 진단받고 6개월 후 돌아가셨다고 했다. 아들 한 명, 딸 한 명이라고 현영씨가 말해줬는데 아들이 말하는 게 의젓했다. 한꺼번에 부모님을 다 잃은 마음이 안타까워 눈물이 쏟아질 것 같아 위로하고, 전화를 끊었다.

현영씨! 남편이 보고 싶어 따라간 거죠.
언니! 남편 만났어요.
구름이 서서히 바람에 실려 떠내려간다.

백두산 여행기

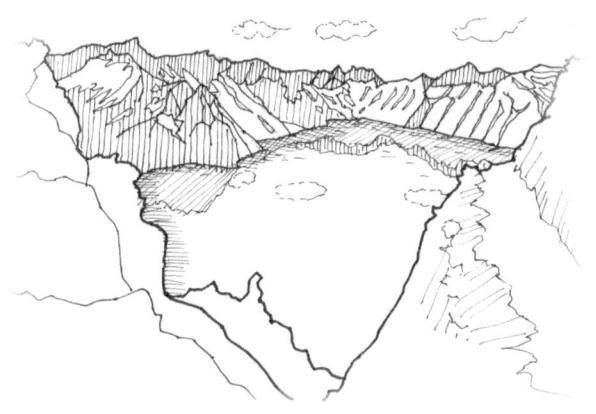

백두산 여행을 수속하는 공항 카운터에는 사람들로 북적거렸다. 불경기라고 하지만 생각보다 여행객들이 많았다. 위탁 수화물에 짐을 맡기고 출국 심사를 끝냈다.

중국 연길공항에 도착했다. 군복을 입은 사람들이 무표정으로 여권검사를 했다. 한사람이 검사대를 통과하는 데 시간이 꽤 오래 걸렸다.

백두산은 높이는 북한(2,750M) 한국(2,744M) 중국(2,749M)로 각각 다르게 표기가 된다. 북파라고 부르는 북백두산은 경사가 심하고 굴곡이 많아 안전띠를 매고 좌석 손잡이를 꼭 잡고 가야 한다. 수십 대의 승합차가 사람들을 싣고 오르내린다. 차로 이동하며 300M 정도만 걸어가면 천지를 볼 수 있기에 남백두산인 남파보다 사람들이 많다.

북파에서 사진을 찍고 있을 때였다. 천지 사진이 잘 나오지 않아 친구가 돌에 올라갔다. 순간, 어디선가 나타난 공관이 친구의 머리를 때렸다. 우리나라에서는 경고를 줬을 텐데 그들의 폭력은 일상화 되어 있는 것 같았다. 중국어를 못 알아들을 수도 있는데 굳이 머리 뒤통수를 한 대 치는 중국인은 인권 의식이 한참 뒤떨어져 보였다. 물가도 엄청나게 올랐다. 중국은 모든 수입을 나라에서 관리한다. 일단 번 돈은 국가에 반납한다. 그리고 국가에서 월급을 준다. 많이 벌면 많이 주고, 적게 벌면 적게 준다고 한다.

천지를 지나 해발 2579M 천문봉에 오르면 천지를 내려다 볼 수 있는 전망대와 산책로가 있다. 전망대에 올라서니 맞은편에

북한이 보였다. 같은 민족인데 남의 나라에서 바라보니 울컥함이 올라왔다.

천지는 해발 2189M에 위치한 칼데라호이다. 지름 약 4.4km 최대 깊이 373M로 세계에서 가장 높은 화산호 중 하나다. 맑은 날은 푸른 수면이 장관을 이루고, 겨울에는 얼어붙어 있다. 16개의 산봉우리가 천지 기슭을 병풍 모양으로 삼면을 둘러싸고 있다.

백두산은 봉우리가 총 16개이다. 최고봉은 해발 2749M인 병사봉으로 북한에 속해 있으며 이를 장군봉이라 부른다. 3대가 덕을 쌓아야 볼 수 있고 백 번 오면 두 번 정도 볼 수 있다는 아름다운 백두산 천지를 나는 서파, 북파를 다 구경했으니 6대가 덕을 쌓았다고 생각해도 되지 않을까.

백두산 북파를 내려오다가 장백폭포에 들렀다. 백두산 천지에서 북쪽으로 흘러내린 물줄기가 천문봉과 용문봉 골짜기를 따라 1km 정도 흐르다가 68M 높이에서 떨어지면서 장관을 이루는 폭포이다. 너비는 약 70M 평균 수량은 초당 2.15톤이다. 폭포 근처는 관광객 금지구역이다. 폭포 근처에서 온천수에 삶은 달걀을 파는 여인네들이 있었다.

우리 일행은 백두산 금수학 온천호텔에서 묵었다. 수영복 차림으로 노천온천에 몸을 담그고 하늘을 쳐다보니 달조차 구름에 가려 칠흑처럼 어두웠다. 따뜻한 물이 온몸의 피로를 녹여주었다. 분단된 나라의 민족이라서 그런지 백두산 물에서 온천을 한다는 감회가 밀려왔다. 빨리 통일이 되어 백두산을 관광지로 더 체계적으로 개발하면 좋겠다는 바람을 가졌다.

호텔 조식은 영 내키지 않았다. 중국 음식은 기름과 향신료를 많이 사용한다. 그리고 기름을 녹여 내는 차를 마신다. 차 문화가 발달된 이유 같다. 나는 고구마와 찐 호박으로 아침을 때우고 백두산 서파로 가기 위해 버스를 탔다. 줄을 서 있는데 모두 한국 사람들이었다. 가이드에게 한국 여행객이 중국경제를 살린다고 말했더니 그는 아니라고 손을 내저었다.

"한국 사람들이 관광을 많이 오니까 중국을 먹여 살린다고 하는데 천만의 말씀입니다. 중국 인구가 14억이 넘어요. 백두산 관광도 중국인이 훨씬 많이 옵니다. 지금은 평일이라 한국인이 많고, 주말이 되면 중국인으로 발 디딜 틈이 없어요."

나는 고개를 끄덕거렸다.

중국인들에겐 인구도 자원에 속한다. 출산율이 왕성한 중국도 치솟는 물가와 높은 교육비 때문에 인구성장률이 둔화하고 있다고 한다. 현재 연길시의 조선족은 계속 줄어들어 15만에 못 미친다. 예전의 70만 연길시 인구에 비교하면 겨우 20%로 조선족 자치주라는 명성까지 위험한 지경이다.

백두산 서파는 북한의 국경과 맞닿아있다. 산정에 오르면 중국과 북한의 경계비가 있고 나무 계단이 1442개로 펼쳐져 있었다. 나무 계단의 높이가 높지 않아 오르는 것이 어렵지는 않았다.

천지에 도착했다. 돌로 된 글자로 새겨진 곳에서 사진을 찍으려면 6000원을 내라고 한다. 중국인들은 한국 돈을 가장 좋아하고 그다음에 달러를 좋아한다.

　서파에서 바라본 천지는 황홀했다. 서파는 북파와는 또 다른 느낌이 들었다. 북파가 남성적인 느낌이라면 서파는 여성적인 느낌이다. 천지의 둘레는 14km이고 깊이는 300M가 된다고 한다. 천지 일대에는 구름과 안개가 자주 끼며 여름철에는 비가 많이 온다. 수온이 낮아 어류가 서식하지 않는다. 천지 표지석에서 사진을 찍어주고 돈을 받는 중국인들이 많다.

　백두산의 최고봉인 장군봉을 비롯해 백운봉, 청석봉에 둘러싸여 예로부터 선녀가 내려와 목욕하고 올라갔다는 전설이 있는 천지, 하늘이 청명해서 그런지 천지의 색깔도 푸르렀다. 천지를 바라보며 백두산은 우리나라 산인데 중국의 땅을 밟고 올라가야 하는 사실에 분단의 비애를 느꼈다. 백두산 천지는 1년 365일 중에 100일 정도만 볼 수 있다.

　무릎이 아파 계단을 올라갈 수 없는 사람들을 위해 가마가 준비되어 있다. 왕복에 8만 원이었다. 백두산 천지는 서파, 북파, 동파, 남파로 구분된다. 현재 중국에서 갈 수 있는 길은 서파, 북파이고, 남파도 가끔 개방되지만, 동파는 북한에서만 올라갈 수 있다.

　연변에서 저녁으로 칡냉면을 먹었다. 지금껏 내가 먹어본 냉면 중에서 가장 맛있었다. 면이 쫄깃하고 육수가 깔끔했다. 냉면은 북한이 원조다. 연변이 북한하고 가까워서 냉면이 맛있다는 생각이 들었다. 중국은 대국답게 냉면 그릇도 크고 양도 많았다. 삶은 달걀도 한 알을 넣어주었다.

숙소는 연변에서 가장 좋은 5성급 호텔이었다. 한글로 국제 호텔이라고 쓰여 있었다. 시설은 최첨단이었다. 화장실 거울을 만지니 거울에 밝은 불이 들어오고 커튼을 만지니 커튼이 자동으로 걷혔다.

중국이 최첨단을 향해 가고 있다. 가이드는 연변은 이제 조선족이길 거부해서 학교에서도 한글 대신 중국어로 수업을 한다고 했다. 가이드는 학부모들이 중국어로 배우길 희망해서 한국어가 차츰 사라지고 있다고 안타까워했다. 그리고 연변 부모들은 교육열도 높아 학원에 수십만 원을 투자한다고 했다.

그 다음날 우리는 가이드가 안내한 대로 쇼핑을 하러 갔다. 중국에 오면서 '이번에는 절대로 아무것도 사지 말자.' 마음먹고 여행을 왔다. 하지만, 라텍스 사장의 원 플러스 원에 혹해서 비싼 침대 매트를 사 버렸다. 중국은 라텍스가 유명하다. 우리나라에는 고무를 뽑아낼 수 있는 나무가 없어 라텍스를 만들 수가 없다. 침대 매트와 베개를 샀는데 가격이 상당했다. 카드를 긁어서 다음 달 카드값이 은근히 걱정되었다. 하지만 5년 전 산 라텍스 베개가 머리가 개운해지는 효과가 있었다. 충동구매는 아닌 셈이다.

여행의 보람은 눈으로 즐기고, 마음으로 행복을 느끼고 손으로 묵직하게 선물을 들고 오는 기쁨이다. 백두산 여행은 천지의 장관과 함께 분단 민족 국가의 현실을 새삼 느끼게 하였다. 백두산 여행을 마치면서 하루빨리 북한과 자유 왕래가 이루어져 민족의 정기를 담고 있는 백두산의 광활한 풍경을 보고 싶은 바람을 전한다.

곡도*

인천 연안여객터미널에서 사람들이 웅성웅성 모여들었다. 산에 다니는 친구들과 백령도에 가기 위해 인천 연안여객터미널에서 여객선을 탔다.

백령도 여객선은 시속 70km인 고속선이라 갑판으로 나갈 수 없었다. 창밖으로 보이는 고속선은 바닷물을 삼키듯 뱃머리를 앞으로 헤쳐갔다.

4시간쯤 달렸을 때 '백령도 선착장에 도착했으니 천천히 줄을 서서 내리시기 바랍니다.' 라는 안내 방송이 있었다. 안내원이 그물로 쳐진 곳에 보관된 여행용 가방을 내 앞으로 밀었다.

백령도는 해군부대인가 착각할 정도로 해군들이 많이 보였다. 가이드는 이곳은 북한과 매우 가까운 거리에 있어 해군과 주민이 비슷한 숫자로 거주하는데 인구수는 1만 명 정도라고 했다.

백령도 중심지인 삼청각에 올랐다. 바다 건너 1.2km 떨어진 곳에 북한 황해남도 땅이 한눈에 들어온다. 그곳도 해군 장병들 두세 명이 지키고 있었다. 군대를 다녀온 아들이 군대가 있는 방향으로 오줌도 안 누고 싶다는 말을 한 적이 있다. 그만큼 자유가 억압되는 생활이 싫다는 뜻이다.

점심을 먹으러 들린 식당에서 주인은 밥을 먹는 해군들의 이름을 부르며 자식처럼 대했다.

올해 초에도 북한이 해안포를 사격하여 해병대들이 주민들을 안전한 지역으로 이동시키고 보호했다고 한다. 주민들과 해군들이 서로 의지하면서 가족처럼 대하는 모습들이 무척 정겹게 느껴졌다.

유람선을 타고 해안을 돌았다. 두무진 바위와 코끼리 바위도 보였다. 선장님은 약 50M 높이의 절벽의 기암괴석은 10억 년 전에 쌓인 모래가 굳어져 규암*이 된 후 오늘에 이른 것이라고 한다. 뾰족한 바위들이 장군 머리와 같은 형상을 이루고 있다 하여 두무진이라 불렀다고 설명을 해주었다.

해안을 도니 기암괴석 위로 산 중턱이 보였다. 조그만 탑 안에 해군들이 보초를 서고 있었다. 선장님은 지금은 꽃이 피는 계절이라 따뜻한데 눈이 오는 겨울에 보초를 서면 살을 에는듯 한 추위에 해군들이 동상이 많이 걸린다고 한다. 우리는 손을 흔들며 고마움을 표시했다.

유람선은 바다 가운데로 들어섰다. 심청이가 몸을 던진 인당수도 보였다. 유람선에서 내려 두무진 바위 가까이 가서 코를 대보았다. 10억 년이 된 두무진 바위는 흙냄새와 바다 냄새가 섞인 묘한 냄새를 풍겼다.

다음 날 콩돌해안으로 갔다. 오색의 돌들이 반질반질거렸다. 자갈 같은 돌들이 크기가 각각 다르다. 콩돌해안은 천연기념물로 지정되어 있다. 백령도 콩돌은 규암이 부서진 후 파도에 닳고 닳아 만들어졌는데 콩돌해안의 콩돌이 이렇게 작은 돌로 만들어지기까지 1만5천 년 정도 걸렸다고 한다. 콩돌을 만져보며 그동안 고생했다고 콩돌을 어루만져 주었다. 파도에 수없이 부딪히며 콩돌의 모난 몸을 깎아 내어 맑고 청아한 소리까지 낼 수 있는 자연의 힘이 위대하게 보였다.

천연비행장이라는 사곶해변은 실제 6·25 때 미군 수송기가 착륙했었다고 한다. 비상활주로의 길이는 3.7km 최대폭이 300M로 우리나라에서 가장 긴 비상활주로이며 단단한 백사장은 천연기념물 391호로 보존되고 있다. 언뜻 보면 모래 같지만, 규암 가루가 두껍게 쌓여 이루어진 해안이다. 사곶해변은 공항 식별 부호까지 보유한 천연비행장이다. 해변 옆으로 해송림이 조성되어 모래들을 지켜낼 수 있었다.

다음 날 천안함 위령탑에 가기 위해 산기슭을 올라가는데 이상한 역한 냄새가 코끝을 자극했다. 코를 막고 중턱에 다다랐는데 믿기 어려운 광경이 펼쳐져 있었다. 중년 남녀 5명이 삭힌 홍어와 막걸리를 마시며 술판을 벌이고 있었다. 그들도 나라를 위해 목숨을 바친 영혼들을 추모하기 위해 온 것 같은데 위령탑 근처에서 저런 술타령은 눈살을 찌푸리게 했다.

백령도에서 2km 떨어진 정도의 바다에서 치열하게 벌어진 북한과의 바닷속의 전투, 해군 장병 40명이 사망했고 6명이 실종되었고, 58명이 구조되었다. 세계 5개국 한국 포함, 합동조사단은 천안함이 북한의 어뢰 공격으로 침몰한 것으로 발표했다.

해군 장병의 이름이 쓰인 위령탑을 두 손으로 따뜻하게 쓰다듬어 주었다.

위령탑에서 내려오니 아까 술판을 벌인 그들이 술에 취해 얼굴이 벌겋게 달아오른 상태로 위령탑을 향해 올라온다. 그들이 나라를 위해 목숨을 바친 젊은 영혼들을 위해 진정성 있는 참배가 되기를 간절히 바랐다.

백령도 특산품을 파는 곳을 갔는데 약쑥을 팔고 있었다. 서

해의 최북단의 해풍과 해무를 맞으며 자생한 무공해 쑥이다.
쑥차를 한 잔 권하길래 두 손으로 감싸며 백령도 쑥은 해풍을
맞을 땐 긴장을 하고, 해무를 보며 평화를 느꼈을 것이다.

쑥가게 주인이 권하는 쑥차 한 잔을 두 손으로 감쌌다. 백령
도에 거주하고 있는 해군과 주민들은 쑥차의 은은한 향기처럼
평화가 오래가기를 바라며, 쑥차를 음미해본다.

*곡도 : 백령도 옛 이름, 섬 모양이 따오기가 흰 날개를 펼치고 공중에 나는 모습
    처럼 보인다고 해서 지금은 백령도로 불림
*규암 : 석영의 입상 결정으로 이루어진 변성암

메멘토 모리(Mement Mori)
죽음을 기억하자

우리나라 노인인구(65세 이상)가 천만 명을 돌파했다. 영국의 인구학자 폴 윌리스의 '인구지진' 이론에 따르면 인구 고령화가 사회를 파괴하는 힘은 지진보다 더 크게 영향을 미친다고 한다. 고령 인구가 생산인구보다 많은 것이 지진계 규모 9.0 정도로 사회에 부정적이라는 것이다. 그만큼 인구 감소와 고령화 가속은 우리 사회가 당면한 가장 심각한 문제이다. 죽음 또한 삶과 밀접한 관계가 있다. 고령화 인구가 많을수록 죽음에 대한 방식은 다각적으로 연구해야 할 가치가 있다.

요양병원 일반병동에 계시던 엄마가 갑자기 상태가 나빠져 중환자실로 옮겼다. 요양병원 중환자실은 지하실로 링거만 꽂아놓고 죽음만 기다리는 환자들이 대부분이었다. 엄마를 환경이 안 좋은 그곳에 모실 수 없었다.

나는 요양병원 원장에게 엄마를 대학병원으로 모시겠다고 했다. 그러나 원장은 오빠들의 승낙이 있어야만 옮길 수 있다고 했다. 오빠들은 돌아가실 분이니 옮기지 말자고 했다는 것이다. 나는 회진을 온 원장에게 오빠들의 허락을 받았다고 거짓말을 했다. 평생을 자식만 보고 헌신했던 엄마를 이대로 보내드릴 수는 없었다. 원장님도 병원을 옮기라고 허락하였다. 나는 구급차를 불러 대학병원 응급실로 향했다. 대학병원 응급실 의사 선생님은 엄마는 복막염인데 연세가 89세여서 수술을 하면 깨어나지 않을 수 있으므로 항생제로 치료를 해보자고 하신다. 엄마의 상태는 점점 좋아졌다. 엄마는 내 손을 잡고 대학병원에서 죽고 싶다고 했다. 나는 엄마의 손을 꼭 잡으며 그 소원을 지켜드리겠다고 약속했다. 엄마는 살고자 하는 의지가 강해서인지 회복이 무척 빨랐다.

　며칠 후에 엄마는 상태가 좋아져 일반병실로 갈 수 있었다. 건강한 엄마로 돌아왔다. 엄마가 활짝 웃는 모습에 세상을 다 얻은 것 같았다.

　석 달 후, 노환 때문인지 말을 잘하던 엄마가 갑자기 말문을 닫았다. 엄마의 호흡이 가빠졌다. 산소호흡기를 껴야 했다. 생명 연장술에 동의하겠냐고 병원 측에서 물었다. 목숨이 꺼져가는 엄마를 그대로 둘 수 없어 동의하겠다고 했다. 그 뒤로 엄마는 코로 영양을 공급했고, 위독할 때는 수시로 산소호흡기를 꼈다. 온종일 움직이지도 못하고 눈을 감고 있는 엄마였다. 따뜻한 수건으로 얼굴과 목을 풀어주면 좋다는 표정만 지을 뿐이었다. 말 한마디 못하고 아무 표현도 못 하는 엄마지만 살아만 있는 것으로도 행복했다.

　간호한 지 6개월이 지날 무렵 엄마는 욕창이 생기기 시작했다. 엄마를 시간에 맞춰 자세를 바꿔도 소용이 없었다. 욕창이 심할 때는 피까지 났다. 엄마가 쇠약해졌지만, 축 늘어진 탓인지 자주 뒤척여주다 나도 허리를 다쳐 치료를 받아야 했다. 환자 돌보는 건 여간 힘든 일이 아니었다.

　아침마다 인턴이 와서 욕창을 치료해도 푹 패인 등에서 피까지 흐르는 엄마를 보니 내 마음은 피눈물이 나는 것 같았다. 엄마는 말을 못 하니 아프다고 비명 한 번 지르지 못했다. 과연 이 모습이 엄마를 위한 삶인가? 회의가 들기 시작했다. 하지만, 한번 생명 연장술에 동의한 이상 계속 유지해야 한다. 콧줄로 캔을 삽입하다가 나중에는 링거로 번갈아 가며 영양제를 넣었다. 사람에게는 소금도 필요하다는 걸 느꼈다. 의사 선생님은 엄마에게 소금물을 타서 콧줄에 넣어주라고 했다. 먹은 게 없으니 장에서 내려오는 건 코 똥이었다. 회색 콧물 같은 걸 대변이라고 눴다. 한쪽 다리도 펴지지 않아 굽어진 채로 있어야 했다. 뼈가 제 기능을 못 해서 그렇다고 했다. 억지로 펴면 부러지니 조심하라고 했다. 의사 선생님이 엄마가 한 달 정도 살 수 있다고 진단했다.

의사 선생님이 예진한 것처럼 한 달쯤 되는 날 엄마의 수축기 혈압이 낮아지기 시작했다. 수축기 혈압이 너무 낮으면 이완기 혈압이 조금 높아진다고 한다. 엄마 몸 스스로 자생력을 키우려고 한다는 것이다. 보통 수축기 혈압은 120mmHg와 이완기 혈압 80mmHg를 정상으로 본다. 그러나 엄마의 혈압은 수축기 혈압보다 이완기 혈압이 더 높았다. 새벽에 의사 선생님이 오셔서 혈압상승제를 투여하더니 위기를 넘겼다고 했다. 숨을 헐떡이던 엄마가 편안해졌다. 이완기 혈압도 원래대로 천천히 내려갔다.

며칠 후 엄마가 산소호흡기를 벗고 스스로 호흡을 하고 있었다. 그리고 늘 감고 있던 눈도 떴다. 돌아가실 때는 정신을 차린다는 말이 떠올라 식구들을 불러들였다. 엄마는 병상 침대 옆으로 서 있는 가족들을 한 명씩 쳐다보면서 눈을 맞췄다. 그리고 마지막으로 나를 쳐다보더니 코스모스 같은 환한 웃음을 보냈다. 낙엽같이 가벼운 엄마를 살포시 들어 안았다. 내 품에서 엄마는 조용히 눈을 감았다. 눈물이 나오지 않았다. 웃으면서 하늘나라로 가는 엄마가 행복해 보였기 때문이다.

엄마는 하늘나라로 빨리 가고 싶었는데도 내가 생명 연장술에 동의해서 못 가게 막고 있었던 건 아닐까 하는 후회가 밀려왔다. 말도 못 하고 종일 누워만 있었던 침대 생활을 엄마가 좋아할 리가 없을 텐데….

엄마의 마지막 행복을 나는 빼앗았는지도 모른다. '메멘토 모리' 삶과 죽음을 생활화해서 죽음도 편안하게 돌아가시도록 해야 한다는 걸 엄마를 병간호 하면서 배웠다. 건강해지지 않으면 생명 연장은 할 필요가 없다는 것이다. 의식만 살아서 계속 산소호흡기를 끼고 있어야 한다면 환자와 보호자 모두 고통이라는 생각이 들었다.

우리 부부는 보건소에 가서 생명 연장 포기각서를 등록해 놓았다. 생명 연장포기 의향서를 작성해 두면 훗날 임종이 다가왔을 때 심폐소생술, 혈액투석, 항암제 투여, 인공호흡기 착용, 체외 생명 유지술, 수혈, 혈압상승제 투여 등 연명 의료를 중단할 수 있다.

나의 죽음에 대한 행복한 권리도 되지만, 남아있는 사람에 대한 배려도 된다. 의식만 있는 환자를 위해 중환자실에 입원시켜 병원비며 가족들이 신경 쓰는 걸 원치 않는다.

삶과 죽음을 따로 생각하는 것보다는 죽음도 삶의 일부분으로 흘러가게 둠으로 우리는 죽음에서 해방이 되는 것이다. 죽음도 행복하게 받아들이는 것 또한 우리가 해야 할 마지막 마침표일 것 같다.